Créez vos
cosmétiques
BIO

SYLVIE HAMPIKIAN

Créez vos
cosmétiques
BIO

terre vivante
L'ÉCOLOGIE PRATIQUE

Depuis 1979, la Scop **Terre vivante** vous fait partager ses expériences en matière d'écologie pratique : jardinage bio, habitat écologique, alimentation saine et bien-être, consommation responsable… à travers :
- l'édition de livres pratiques,
- le magazine *Les 4 Saisons du jardin bio*,
- un parc écologique,
- un portail internet, www.terrevivante.org

Le catalogue des ouvrages publiés par **Terre vivante** est disponible sur simple demande et sur internet.

Terre vivante, domaine de Raud, 38710 Mens.
Tél. : 04 76 34 80 80. Fax : 04 76 34 84 02. Email : info@terrevivante.org
www.terrevivante.org

Coordination éditoriale : Marie Conjat
Conception graphique et réalisation : op. cit.
Couverture : op. cit.
Expertise par Anne Andrault, membre des commissions Cosmétiques et Salon Marjolaine de Nature & Progrès

SOMMAIRE

LES ACTIFS NATURELS

PRÉPAREZ VOS COSMÉTIQUES

Introduction

···❯ Une solution simple et économique

Créer ses propres cosmétiques maison est une démarche beaucoup moins compliquée qu'on ne le croit. Grâce à une sélection de recettes faciles et d'ingrédients simples et naturels, vous pourrez préparer vos produits d'hygiène et de beauté le plus souvent en moins de 10 minutes. Vous pourrez même préparer des soins express, tout simplement au creux de votre main…

De plus, vous n'aurez pas besoin d'un investissement de départ important, que ce soit pour le matériel ou les ingrédients. Vous trouverez pratiquement tout dans votre cuisine ! Et si un ingrédient vous manque, de nombreuses variantes vous sont proposées pour chaque type de soin. Globalement, vous ferez vite des économies, car vous ne paierez que les ingrédients, pas les campagnes publicitaires coûteuses. En préparant vos produits au gré des saisons et en utilisant les fleurs, les fruits et les plantes de votre jardin ou les herbes glanées au fil de vos promenades, vous bénéficierez ainsi de l'efficacité intacte des produits frais.

···❯ Une démarche respectueuse de la santé et de l'environnement

Les cosmétiques maison s'intègrent parfaitement dans une démarche globale de respect de la santé. En maîtrisant la composition de vos produits, vous serez sûr(e) d'employer les ingrédients qui vous conviennent et, surtout, de vous préserver d'un certain nombre de molécules dont l'innocuité est aujourd'hui remise en question. Chacun connaît la polémique qui fait actuellement rage autour des substances chimiques, omniprésentes dans notre environnement quotidien et suspectées d'être impliquées à terme dans un certain nombre de maladies (allergies, maladies neurodégénératives, cancers…). Les cosmétiques chimiques industriels sont largement incriminés dans cette surexposition aux molécules potentiellement toxiques (parabens, sels d'aluminium, phtalates, polyéthylènes glycols, solvants…). De plus, la mode des nanoparticules semble poser des problèmes toxicologiques mal évalués. Il ne faut pas oublier non plus que les cosmétiques industriels font appel à des produits issus d'industries polluantes, pétrochimie notamment, et à des ingrédients non biodégradables, comme les dérivés des silicones, aux effets délétères sur l'environnement. En outre, avec la mode des lingettes et des produits «nomades», ils contribuent à la multiplication des déchets domestiques. Avec les cosmétiques maison, ce sont autant d'emballages qui ne finiront pas à la poubelle puisque vous les recyclerez vous-même. Par conséquent, créer ses produits cosmétiques c'est aussi la possibilité de satisfaire son éthique personnelle et de choisir une alternative plus respectueuse de la planète : privilégier la filière bio, choisir des produits artisanaux et des productions régionales, proscrire les produits d'origine animale ou testés sur les animaux, privilégier le commerce équitable… Bien entendu, l'emploi d'ingrédients biologiques a également l'avantage unique d'assurer une qualité optimale des produits. Ce choix vous garantira l'absence de contaminants chimiques indésirables et de traitements pouvant dénaturer les produits et altérer leur efficacité.

Enfin, c'est un réel plaisir que de concocter ses précieuses formules pour sa famille, ses amis, mais aussi pour soi. Vous pourrez exercer votre créativité, en modifiant la texture de vos préparations, en choisissant leur parfum, en décorant les flacons… Prendre soin de soi de A à Z permet aussi d'ouvrir, dans son emploi du temps chargé, des petites fenêtres de détente, de délassement. Les huiles essentielles notamment, pourront contribuer au bien-être apporté par ces soins.

···❧ Les produits maison : de vrais cosmétiques

Comme l'indique le code de la santé publique[1], est considérée comme cosmétique « toute substance ou préparation destinée à être mise en contact avec les parties superficielles du corps, en vue de les nettoyer, de les parfumer, d'en modifier l'aspect, de les protéger, de les maintenir en bon état ou d'en corriger les odeurs ». Les recettes proposées dans cet ouvrage, destinées aux soins du visage, du corps et des cheveux, répondent parfaitement à cette définition. En revanche, ne seront pas abordées les préparations dermatologiques destinées à soigner les maladies de peau (eczémas, mycoses, psoriasis…), qui sortent du cadre strict des cosmétiques. Il existe bien sûr des solutions naturelles adaptées aux pathologies cutanées, mais ce n'est pas le sujet de cet ouvrage. Dans un tel cas, vous pouvez prendre conseil auprès d'un herboriste ou d'un praticien ouvert aux méthodes naturelles.

En terme d'efficacité, les bienfaits des ingrédients naturels pour la peau et les cheveux sont reconnus depuis des siècles pour certains. Or, les connaissances apportées par les traditions anciennes sont aujourd'hui confirmées par la science moderne (propriétés cicatrisantes du miel, propriétés hydratantes de l'aloès, propriétés antiseptiques des huiles essentielles…). On sait désormais avec certitude qu'ils contiennent de véritables actifs : polysaccharides hydratants, pigments antioxydants, phytostérols stimulants… Ainsi, par leur richesse en actifs, certains ingrédients naturels tels que les argiles, les huiles végétales riches et le gel d'aloès, sont en eux-mêmes de véritables cosmétiques. On peut même les employer seuls ; ils n'ont pas besoin d'être mélangés à des cocktails plus ou moins chimiques pour exercer leurs vertus. Une des meilleures preuves de l'efficacité des actifs naturels, c'est que les grands groupes industriels s'en emparent et vont même jusqu'à les breveter.

1. Article 658-1.

⋯⟩ Des cosmétiques polyvalents

Comme vous le découvrirez au fil des pages de cet ouvrage, la plupart des ingrédients naturels dont on dispose pour la préparation des cosmétiques maison sont polyvalents. Ils peuvent donc convenir à différentes situations ou à différents types de peau. Nous ne nous situons pas dans la logique marketing des cosmétiques ciblés. Ici, une même préparation ou un même ingrédient pourront servir pour le visage et les cheveux, pour la fille et pour la mère, pour le matin et pour le soir. Le meilleur exemple est le gel d'aloès, qui pourra s'employer comme crème de jour, crème apaisante, après-rasage et même comme gel de coiffage.

⋯⟩ Quelques précautions à respecter

Fabriquer des cosmétiques maison est peut-être simple mais certainement pas anodin. Il conviendra de les préparer méthodiquement, en respectant les proportions, dans de bonnes conditions d'hygiène, et surtout de prendre le temps de bien choisir les ingrédients. Vous éviterez bien entendu les produits auxquels vous vous savez allergique. En ce qui concerne la conservation des ingrédients et des préparations, il faut déjà savoir que certains ingrédients sont naturellement protégés des contaminations microbiennes (vinaigre, sel, argile, huiles essentielles…). D'autre part, libéré(e) de la contrainte des conditionnements du commerce, vous pouvez préparer de petites quantités que vous n'aurez à conserver que très peu de temps. Pour les produits que vous garderez un peu plus longtemps (crèmes, laits) nous vous conseillerons des conservateurs naturels très efficaces.

N'oubliez pas qu'à l'inverse des cosmétiques maison, les cosmétiques industriels peuvent parfois rester des mois, voire des années en magasin avant d'arriver dans votre salle de bains. S'ils se gardent si longtemps c'est qu'ils contiennent des conservateurs très puissants, comme les parabens, dont l'emploi est de plus en plus controversé en raison de leur toxicité potentielle.

⋯⟩ Cosmétiques industriels dits «naturels» : savoir distinguer le vrai du faux

Pour défendre une image rassurante, de nombreuses marques industrielles utilisent des extraits naturels dont ils revendiquent haut et
fort la présence dans leurs produits. Hélas, ces extraits sont souvent
d'origine contestable (résidus de l'industrie agroalimentaire comme
le collagène «marin» extrait de la peau des poissons, le chitosane
des carapaces de crevettes…). De plus, ils sont le plus souvent trans-
formés par des procédés chimiques ou biotechnologiques et sont
généralement trop faiblement concentrés ou employés dans des
conditions qui les rendent inactifs, noyés dans des formules où abon-
dent des molécules chimiques. On a vu des cosmétiques industriels
comporter jusqu'à plus de 80 ingrédients !

Il faut cependant souligner les efforts de certaines marques qui proposent des produits vraiment naturels, d'excellente qualité, et qui
privilégient de plus en plus le recours aux ingrédients biologiques. Le
but de cet ouvrage est aussi de vous aider à mieux identifier ces cosmétiques naturels, à en apprécier la composition et à repérer les ingrédients qui vous conviennent.

Qu'ils soient industriels, artisanaux ou maison, les vrais cosmétiques
naturels utilisent exclusivement des ingrédients d'origine naturelle (végétale, animale ou minérale), de préférence bio, à l'état pur ou extraits
par des procédés simples, sans transformation chimique ultérieure.
C'est le cas notamment des ingrédients sélectionnés pour les recettes
de l'ouvrage[1].

Les cosmétiques naturels ont en outre un extraordinaire avantage. À
la différence des cosmétiques industriels traditionnels, les substances
qui leur servent de base (huiles végétales, argiles, cire d'abeille) ne
sont pas que de simples supports, mais sont elles-mêmes actives, ce

1. Sauf savon glycérine et bases lavantes (qui nécessitent des procédés de fabrication
plus complexes).

qui accroît l'efficacité des formulations. Par exemple, les huiles végétales contiennent des acides gras essentiels qui nourrissent et renforcent les cellules cutanées. En revanche, l'huile minérale (huile de paraffine), très employée dans la cosmétique chimique, n'est pas absorbée par l'épiderme et se contente de former un film en surface. Donc, dans un vrai cosmétique naturel, tous les ingrédients mis en œuvre sont utiles à la peau, c'est pourquoi il n'est pas nécessaire d'en additionner des quantités.

DEUX POIDS DEUX MESURES !	
Ingrédients nécessaires à la fabrication d'une base pour crème naturelle :	Composition standard de la base d'une crème chimique :
Crème naturelle : ▶ eau ou eau florale, ▶ huile(s) végétale(s) cire d'abeille,	**Crème chimique** : ▶ eau (aqua), ▶ huiles minérales (paraffinum liquidum, petrolatum), polymères (polyétylène, polypropylène glycol, polyacrylamide, polisorbate, acrylate copolymers), silicones (dimethicone), acides gras transformés (decyl oleate, caprylic trigyceride, cetyl palmitate, stearic acid…), chitosane ou collagène, etc.
▶ éventuellement conservateur naturel.	▶ conservateurs, dont parabens…

⇢ Quelques clefs pour lire les étiquettes

Ce n'est que depuis 1998 qu'il est obligatoire, en Europe, de faire figurer la composition complète des produits cosmétiques sur l'emballage, selon une nomenclature internationale appelée INCI. Faisant principalement appel à l'anglais et au latin, elle est assez difficile d'accès pour beaucoup de consommateurs.

Toutefois, ces quelques pistes peuvent vous aider à sélectionner un bon produit cosmétique :

- ne vous fiez pas aux arguments marketing (slogans, illustrations bucoliques) ;
- rejetez les produits dont la composition est illisible ;
- évitez les formulations contenant plus d'une vingtaine ingrédients ;
- fuyez les produits à base d'huiles minérales (paraffinum liquidum, petrolatum) ;
- recherchez les noms latins désignant des actifs extraits de plantes : ils doivent figurer au moins dans les 8 premiers ingrédients (plus ils apparaissent tôt dans la liste, plus ils sont concentrés) ;
- et surtout, privilégiez les produits arborant des labels et logos garants d'une bonne qualité.

⋯⇢ Les labels, gages de qualité

Les labels peuvent vous aider à acheter en confiance vos cosmétiques ou les ingrédients destinés à vos produits maison (voir encadré page suivante). Il faut savoir que le label AB ne peut figurer que sur les produits pouvant être consommés par voie orale (huiles végétales, farine, miel, huiles essentielles…), mais pas sur les cosmétiques. Pour ceux-ci, on dispose de différents labels comme BDIH, d'origine allemande, Cosmébio, d'origine française et garanti par Écocert. La charte Cosmébio propose deux niveaux de certification : le label ECO et le label BIO, plus exigeant. Un autre label français, Nature et Progrès, répond à un cahier des charges très sévère, excellent gage de qualité.

⋯⇢ Cosmétiques maison et cosmétiques bio du commerce : deux options très complémentaires

On peut fabriquer soi-même certains produits et en acheter d'autres, choisis dans les gammes les plus naturelles possible, en privilégiant bien sûr les marques bio.

LABEL	GARANTIES
Logo AB	Le logo AB (propriété du ministère de l'Agriculture) est attribué au départ aux produits agricoles bio. Il est destiné aux produits alimentaires mais non toléré sur les cosmétiques. On le retrouve sur les huiles essentielles, les huiles végétales et autres ingrédients des cosmétiques maison.
Charte COSMEBIO	Cosmétiques : garanti sans OGM, non testé sur animaux, privilégiant le commerce équitable, privilégiant les emballages recyclables. Composition : deux niveaux de certification, BIO et ECO. Label BIO : ▶ 95 % minimum des ingrédients sont naturels ou d'origine naturelle. ▶ 95 % minimum des ingrédients végétaux sont bio. ▶ 10 % minimum des ingrédients totaux du produit fini sont bio*. Label ECO : ▶ 95 % minimum des ingrédients sont naturels ou d'origine naturelle. ▶ 50 % minimum des ingrédients végétaux sont bio. ▶ 5 % minimum des ingrédients totaux du produit fini sont bio*.
Nature et Progrès	Le plus exigeant de tous, ce label est le seul à exiger dans son cahier des charges 100 % de composants bio lorsqu'ils existent. Les produits cosmétiques sont issus de matières premières obtenues en ayant recours à des procédés physiques ou chimiques simples, sans molécules, parfums ni colorants de synthèse.
BDIH Label allemand	Cosmétiques formulés à partir de matières premières naturelles, végétales ou minérales (liste positive d'environ 700 ingrédients autorisés sur plus de 20 000 répertoriés). Priorité aux végétaux de culture bio. Bases lavantes et émulsifiants d'origine végétale, obtenus par des techniques « douces ». Non testés sur animaux. Utilisation très restreinte de quelques conservateurs doux (acide benzoïque, acide sorbique).
Demeter	Label attribué à des produits dont les ingrédients végétaux proviennent de cultures biodynamiques. Ce label vient en général en complément d'un label Cosmébio.
SIMPLES	Label attribué à des produits dont les ingrédients végétaux proviennent de producteurs adhérents à SIMPLES (syndicat inter-massifs pour la production et l'économie des simples). Cette charte est très proche de celle de Nature et Progrès.

* Il faut rappeler que les produits cosmétiques contiennent en moyenne 50 à 80 % d'eau, non certifiable.

Il est important de soutenir les efforts des industriels qui privilégient la qualité, le développement durable et même le commerce équitable. En outre, cela vous permettra de profiter des vertus de certains actifs naturels intéressants, mais qui ne sont pas commercialisés en tant qu'ingrédients pour le grand public (extraits concentrés de fruits, de plantes ou d'algues, huiles rares, actifs exotiques…). Leurs actions spécifiques viendront compléter celles des actifs naturels plus conventionnels. Par ailleurs, l'élaboration de certains cosmétiques nécessite des technologies qui ne sont pas à la portée du simple particulier (maquillages, teintures capillaires, produits de protection solaire).

Créer ses produits ou les acheter avec discernement, c'est donc une question de choix personnel, de disponibilité mais aussi de complémentarité.

Préparer ses cosmétiques maison, c'est se libérer d'un certain nombre d'habitudes de consommation. C'est aussi la liberté de préparer en quelques minutes le produit qui vous manque et, mieux encore, de vous concocter le produit idéal, celui qui vous convient très exactement par son effet, son odeur, sa texture : le vôtre !

Les bases actives

Les ingrédients présentés dans cette première partie
peuvent être utilisés pour diluer les actifs concentrés
(huiles essentielles par exemple) et servir de base à des
préparations telles que crèmes et baumes ou en améliorer
la texture. Toutefois, compte tenu de la richesse de leur
composition, la plupart d'entre eux sont doués d'activités
propres et peuvent être employés purs (huiles, gel d'aloès,
yaourt, œufs, vinaigre…), ce qui n'est pas le cas de
la plupart des ingrédients de base de la cosmétique
industrielle, faisant appel à des excipients chimiques
comme les huiles minérales, les silicones ou divers
polymères de synthèse. C'est pourquoi nous avons préféré,
pour désigner ces ingrédients naturels, le terme
de « bases actives ».

Les huiles végétales et les macérats

Les huiles végétales

Symboles de fécondité, de lumière et de pureté dans les traditions anciennes, les huiles ont aujourd'hui perdu ce caractère sacré. Elles demeurent toutefois présentes dans les soins de beauté, notamment dans les gammes modernes privilégiant le naturel. Elles constitueront le principal ingrédient des soins de beauté maison que nous vous proposons de créer vous-même dans la dernière partie de cet ouvrage. Les huiles végétales dont il sera question ici sont extraites de plantes oléagineuses, généralement des graines, riches en lipides, et obtenues par première pression à froid (voir «Guide d'achat», p. 23). Par opposition aux huiles industrielles dénaturées par une série de processus chimiques (décoloration, désodorisation, hydrogénation) qui altèrent leur composition, on les appellera «huiles fines».

> Dans l'ancienne Égypte, les femmes s'enduisaient le corps d'huiles embaumant l'arôme des plantes et des épices qu'on y laissait macérer.

On leur associera le beurre de karité (une huile solide à température ambiante) et l'«huile» de jojoba, qui est en fait une cire végétale liquide.

Dans cet ouvrage, nous avons classé les huiles végétales en deux catégories, selon l'usage qui en est fait lors de la préparation des cosmétiques maison : les huiles de base (dont les huiles «sèches») et les huiles riches.

Faire macérer les plantes du jardin dans une huile fine permet de les conserver et de tirer partie de leurs vertus.

ZOOM *Éloge des huiles végétales*

▶ **Nourrissantes**: les huiles végétales sont très supérieures aux huiles minérales des cosmétiques industriels, qui n'ont qu'une faible affinité avec la peau et n'exercent aucune action nutritive. Elles sont aussi supérieures aux graisses animales car leur composition est plus riche et mieux équilibrée, notamment en acides gras insaturés et acides gras essentiels nécessaires aux cellules cutanées.

▶ **Protectrices et adoucissantes**: elles restaurent le film qui protège la peau, freinant ainsi l'évaporation de l'eau. Elles ne sont pas hydratantes, puisqu'elles ne contiennent pas d'eau, mais antidéshydratantes. Elles assouplissent la peau (émollientes) et lui donnent un toucher très doux.

▶ **Réparatrices et traitantes**: les huiles végétales non raffinées contiennent des substances non grasses comme les vitamines A et E,

les phytostérols, les squalènes, qui ont des propriétés stimulantes, calmantes, cicatrisantes. Elles stimulent la synthèse du collagène et de l'élastine et améliorent ainsi la tonicité et l'élasticité de la peau.

▶ **Antioxydantes et antiradicalaire**: la plupart des huiles végétales sont riches en vitamines A et E et coenzyme Q10, qui sont des antioxydants naturels majeurs de l'organisme. Ils s'opposent aux radicaux libres, produits en grandes quantités lors d'exposition au soleil, au grand air, à la pollution, et qui sont impliqués dans le processus de vieillissement.

▶ **Complémentaires**: les huiles végétales ont des compositions variées et complémentaires. On peut donc alterner leur usage ou les employer en mélange.

⋯ Les huiles de base

Elles sont fluides, polyvalentes et d'un parfum généralement discret ou agréable. D'un prix modéré, elles conviennent au visage, au corps et aux cheveux. Bien qu'elles soient recommandées comme bases (pour la préparation des huiles de soin, des laits, des baumes…), rien n'empêche de les appliquer pures. Certaines huiles de base particulièrement pénétrantes sont qualifiées d'huiles «sèches». Elles ne laissent pas de sensation de gras sur la peau. Elles sont idéales pour les massages corporels, mais conviennent aussi aux soins du visage et des cheveux.

⋯ Les huiles riches

Elles sont particulièrement riches en actifs précieux (acides gras essentiels, vitamines et phytostérols)[1]. Très nourrissantes, elles sont antioxydantes, antirides, réparatrices. Généralement assez chères, elles seront principalement réservées aux soins du visage (notamment pour les peaux matures) ou aux cheveux très secs, abîmés. On peut les appliquer pures ou les intégrer à toutes sortes de préparations (baumes, crèmes, masques…).

⋯ Guide d'achat

QUELLES HUILES ACHETER ?

Huiles alimentaires (colza, germe de blé, macadamia, noisette, olive, pépins de raisin, sésame, tournesol): choisir des huiles vierges, de première pression à froid, non raffinées, issues de grains ni torréfiés ni grillés et de préférence biologiques (produites avec des graines arrivées à maturité et cultivées par des méthodes biologiques). Privilégier les conditionnements en verre teinté.

1. Molécules végétales qui ont une haute affinité avec les cellules de l'organisme dont elles peuvent stimuler les fonctions (synthèse du collagène par exemple).

ZOOM *Petit lexique chimique*

▶ **Lipide** : graisse naturelle formée d'un alcool organique et d'un ou plusieurs acides gras.

▶ **Acides gras insaturés** : acide gras dont la molécule est porteuse de « doubles liaisons » (liaisons chimiques instables entre 2 atomes). Principaux constituants de la membrane des cellules de la peau, les acides gras insaturés participent à leur vitalité et à leur souplesse.

▶ **Acides gras essentiels** : acide gras que l'organisme humain ne peut pas fabriquer. Les deux principaux sont l'acide alpha-linolénique (oméga-3) et l'acide linoléique (oméga-6). Ils sont très importants pour le fonctionnement des cellules de l'organisme, ils doivent être apportés par l'alimentation mais également par les cosmétiques.

▶ **Insaponifiables** : fraction de l'huile non transformable en savon (0,5 à 2 % du volume). Ils sont constitués de molécules non grasses (vitamines, phytostérols, protéines, squalène, caroténoïdes…) aux propriétés cosmétiques remarquables. Leur présence peut s'accompagner d'un léger trouble dans les huiles les plus riches.

▶ **Oxydation** : les huiles les plus riches en acides gras insaturés sont aussi les plus sensibles à l'oxydation (rancissement), mais la plupart contiennent des antioxydants naturels (vitamine E et coenzyme Q10) qui limitent ce phénomène.

Huiles cosmétiques : elles sont généralement vendues en flacons de petite contenance destinés à l'usage cosmétique (150 à 200 ml). Privilégier les conditionnements en verre teinté ou sous emballage carton.

Compléments alimentaires (capsules) : certaines huiles riches (onagre, bourrache, germe de blé, rose musquée) sont commercialisées en capsules destinées à être ingérées. On peut toutefois les ouvrir et en appliquer le contenu sur le visage, sous la crème de jour par exemple. Vérifier cependant qu'elles ne contiennent pas d'additifs.

OÙ LES TROUVER ?

Magasins de produits naturels : en plus des huiles alimentaires, on y trouve un grand choix d'huiles cosmétiques ainsi que des huiles en capsules. La qualité est généralement au rendez-vous et la plupart d'entre elles sont bio.

Grandes surfaces : on peut trouver au rayon alimentaire un certain nombre d'huiles de base (vérifier qu'elles sont vierges, de préférence bio). On trouve aussi au rayon parapharmacie des capsules d'huiles riches et des huiles cosmétiques de qualité très satisfaisante, les fabricants privilégiant de plus en plus les huiles bio.

AUTRES SITES D'ACHAT

Pharmacies, parapharmacies : on y trouve des huiles cosmétiques et du beurre de karité, de qualité parfois inégale. De même, le conseil est très variable d'une officine à l'autre.

Foires, marchés, petits producteurs, magasins exotiques : on peut y trouver d'excellents produits, mais il faudra toujours s'informer sur leur qualité car l'étiquetage est parfois insuffisant.

Magasins spécialisés : la solution idéale, ce sont les magasins proposant tout le matériel, les ingrédients et les conseils pour fabriquer ses cosmétiques. En France, il s'agit d'un secteur tout nouveau, qui a vu le jour récemment grâce à quelques pionniers (voir le carnet d'adresses p. 189).

Sites Internet : ils sont très nombreux à proposer des huiles végétales et d'autres ingrédients naturels. Certains sont excellents et offrent des garanties (voir notre sélection dans le carnet d'adresses).

⸙ Nos huiles préférées

Nous avons sélectionné des huiles faciles à trouver dans le commerce et dont les propriétés cosmétiques sont tout à fait remarquables, à condition de respecter les consignes d'achat (huiles vierges de préférence bio). L'expérience ainsi que les études scientifiques ont montré qu'elles sont parfaitement bien tolérées par la peau, ne sont pas allergéniques et ne présentent pas d'incompatibilités connues.

Les moins chères	Les prix moyens	Les plus chères
Coco	Abricot	Argan
Colza	Amande douce	Avocat
Karité	Germe de blé	Bourrache
Olive	Macadamia	Calophylle inophylle
Ricin	Noisette	Jojoba
Sésame	Pépins de raisin	Onagre
Tournesol		Rose musquée

Comparaison établie sur la base du prix moyen au litre des huiles bio.

⋯⟩ Propriétés et usages des huiles sélectionnées

Avant de vous lancer dans la réalisation d'un soin de beauté, le choix des ingrédients de base est primordial. Lisez bien ce qui suit, ne vous arrêtez pas à une seule huile, mais essayez-en plusieurs. Ainsi vous trouverez la ou les huiles exactement adaptées à votre besoin.

Pour vous aider dans vos achats, les noms communs des plantes dont ces huiles sont extraites sont suivis de leur nom latin (en italique), qui correspond à la dénomination internationale. Notons dès à présent que toutes ces huiles conviennent aux soins des cheveux.

ABRICOT (*Prunus armeniaca*) : huile de base.

Douce et parfumée, l'huile d'abricot est riche en acides gras insaturés et acides gras essentiels. Elle est adoucissante, calmante, cicatrisante, nourrissante, régulatrice, revitalisante.

Visage : toutes peaux, dont jeunes enfants, peaux sèches, ternes, ridées.

Corps : base pour huiles corporelles nourrissantes et parfumées.

AMANDE DOUCE (*Prunus amygdalus*, *Prunus dulcis*) : huile de base.

Surtout connue pour les soins des nourrissons, l'huile d'amande douce est riche en acide linoléique et en vitamine E. Elle a des propriétés calmantes, nourrissantes, régulatrices.

Visage : toutes peaux, notamment nourrissons et jeunes enfants. Elle convient au démaquillage, mais laisse une légère sensation de gras.

Corps : base pour soins des mains, huiles corporelles parfumées.

L'huile d'argan et le commerce équitable

L'huile d'argan, extraite du fruit de l'arganier, est connue depuis des siècles par les Berbères de l'Atlas notamment pour ses remarquables vertus cosmétiques. Ses propriétés tout à fait exceptionnelles sont désormais étayées par des travaux scientifiques.

L'exploitation de l'arganier dans le respect du développement durable et du commerce équitable doit beaucoup au réseau Targanine, créé en 1996, qui regroupe une trentaine de coopératives de fabrication et de commercialisation de l'huile. Pour plusieurs centaines de femmes, c'est une source de revenus, mais aussi un moyen d'accéder à des programmes d'enseignement. L'huile d'argan du réseau Targanine est labellisée bio (AB).

ARGAN OU ARGANE (*Argania spinosa*) : huile riche.
Riche notamment en omégas-6, elle est adoucissante, nourrissante, protectrice, régénératrice. L'huile vierge cosmétique a un parfum discret.
Visage : peaux sèches, matures. Conseillée pour la protection climatique (sécheresse, froid, vent).
Corps : conseillée pour les soins des mains et des ongles abîmés.

AVOCAT (*Persea gratissima*) : huile riche.
L'huile d'avocat est très riche en omégas-6, vitamines (A, D, E), et insaponifiables. Antidéshydratante, calmante, régénératrice, régulatrice, elle est surtout très nourrissante.
Visage : toutes peaux, notamment peaux sèches, ridées. Conseillée pour les soins des lèvres gercées.
Corps : peut être employée pour les soins corporels nourrissants (mais chère).

BOURRACHE (*Borago officinalis*) : huile riche.
C'est une huile précieuse, très riche en omégas-3 et omégas-6. Elle est antirides, cicatrisante, nourrissante, raffermissante, régulatrice, régénératrice. Comme elle est sensible au rancissement, il est préférable de l'employer sous forme de capsules ou de la conserver au réfrigérateur.
Visage : peaux sèches, irritées, matures ou ridées.
Corps : conseillée pour les ongles cassants.

CALOPHYLLE INOPHYLLE OU TAMANU (*Calophyllum inophyllum*) : huile riche.
Cette huile antidéshydratante, apaisante, calmante, cicatrisante, régénératrice, est surtout réputée pour stimuler la circulation sanguine. Son odeur fruitée rappelle la noix.
Visage : peaux couperosées, ternes.
Corps : conseillée pour les huiles de massage, notamment en cas de jambes lourdes.

COCO (*Cocos nucifera*) : huile de base.
Cette huile, issue du lait et de la pulpe de la noix de coco, est solide à température ambiante (sous nos climats). Lorsqu'elle est figée, il suffit de placer le flacon dans l'eau chaude pour pouvoir l'employer. Riche en actifs non gras, elle est supérieure à l'huile de coprah, qui ne provient que de la pulpe de coco. Elle est nourrissante, protectrice et adoucissante.

Visage : toutes peaux. Conseillée pour la protection climatique et pour les baumes à lèvres.
Corps : conseillée pour le massage des zones sèches du corps.

COLZA (*Brassica napus*) : huile de base (huile sèche).
L'huile de colza est une excellente source d'acides gras insaturés. Elle est nourrissante et régénératrice. Son odeur herbacée est assez prononcée.
Visage : toutes peaux.
Corps : très bonne base pour les huiles de massage.

GERME DE BLÉ (*Triticum sp.*) : huile riche.
Il s'agit d'une huile riche en acides gras poly-insaturés, vitamine E, acides aminés. Elle est antioxydante et antiradicalaire, antirides, nourrissante, réparatrice, stimulante. Il faut hélas signaler que son odeur de poisson est assez désagréable.
Visage : peaux sèches, matures. Conseillée pour les baumes à lèvres.
Cheveux : excellent soin des cheveux secs, abîmés.
Corps : conseillée pour les soins des mains et des ongles abîmés.

JOJOBA (*Simmondsia chinensis*) : huile de base.
L'huile de jojoba est en fait une cire liquide (substance protectrice imperméable). Sa composition est très différente de celle des huiles végétales, mais ses propriétés n'en sont pas moins remarquables. Adoucissante, antidéshydratante, calmante, cicatrisante, nourrissante, régulatrice, elle stimule la synthèse du collagène et de l'élastine. Elle est antirides et assure une légère protection solaire.
Visage : toutes peaux, notamment peaux grasses et acnéiques, mais également peaux très sèches, matures. Elle convient aux bébés et aux jeunes enfants.
Corps : excellente base pour huile de massage, mais chère.

La nigelle des jardins est une cousine du cumin noir, ou Nigella sativa, *qui donne une huile précieuse.*

D'autres huiles dignes d'intérêt

Il nous a fallu effectuer une sélection parmi le choix très vaste des huiles végétales. Malgré leur intérêt, nous n'avons pas retenu certaines huiles pour diverses raisons : composition, absorption, odeur, conservation ou encore disponibilité sur le marché. Si vous le souhaitez, vous pouvez néanmoins utiliser ces huiles, en vous informant au préalable sur leurs propriétés (dans les magasins spécialisés ou sur Internet, voir carnet d'adresses page 189).

Huiles de base : arachide, cacao (beurre), carthame, maïs, noix, soja...
Huiles riches : argousier, camélia, caméline, chanvre, chaumoolgra, mangue (beurre), neem, nigelle, pêche, pépins de fruits (framboise, kiwi, passion...), sisymbre...

KARITÉ (*Butyrospermum parkii*) : huile de base.

Le beurre de karité a une composition unique car outre les acides gras insaturés, il contient des cires et 15 % d'insaponifiables. Il a des propriétés nourrissantes, protectrices et réparatrices. Il est sujet au rancissement ; il est préférable de l'acheter en petite quantité et de bien refermer les pots. Ce beurre 100 % naturel est jaune et a une odeur de

noisette. S'il est blanc et presque inodore, il s'agit d'un beurre raffiné, qui a pu perdre une partie de ses qualités.
Visage : peaux normales à sèches, peaux sensibles, irritées. Conseillé comme base pour les baumes à lèvres.
Corps : conseillé pour les soins des zones sèches du corps, des mains et des pieds.

> **Attention, aucune huile végétale ne peut remplacer les soins solaires spécifiques.**

MACADAMIA (*Macadamia ternifolia*) : huile de base (huile sèche).
Sa composition en acides gras est très proche de celle du sébum (film gras naturel qui protège la peau). Adoucissante, assouplissante, antidéshydratante, drainante (elle stimulerait la circulation sanguine). Son parfum fruité est agréable.
Visage : toutes peaux.
Corps : excellente base pour les huiles de massage.

NOISETTE (*Corylus avellana*) : huile de base (huile sèche).
Très riche en acides gras insaturés, cette huile au parfum délicieux est calmante, cicatrisante, nourrissante, régulatrice (régule l'excès de sébum). Elle favorise l'élimination des points noirs et resserre les pores.
Visage : toutes peaux, notamment les peaux grasses.
Corps : excellente base pour les huiles de massage.

> **L'huile de noisette est délicieusement parfumée, mais elle est assez sensible au rancissement ; il est préférable de la conserver au réfrigérateur.**

OLIVE (*Olea europaea*) : huile de base.
Très riche en acides gras et en vitamines (A, B, C et E), l'huile d'olive est adoucissante, calmante, cicatrisante, nourrissante, régulatrice. Les meilleures huiles d'olive ont un parfum discret.
Visage : toutes peaux, notamment les peaux grasses.
Corps : soins après-solaires, peau sèche, ongles cassants.

ONAGRE (*Œnothera biennis*) : huile riche.
L'huile d'onagre est très riche, notamment en omégas-3. En application cutanée, elle est adoucissante, assouplissante, régénératrice, restructurante, revitalisante.

En anglais, l'onagre porte le joli nom de «primevère du soir».

Visage : peaux sèches, matures, atones ou fatiguées.

Corps : conseillée en huile post-épilatoire et pour les soins des ongles cassants.

PÉPINS DE RAISIN (*Vitis vinifera*) : huile de base (huile sèche).

D'une composition très équilibrée en acides gras, l'huile de pépins de raisin est nourrissante, régulatrice, réparatrice. Elle constitue une très bonne base pour tous les soins. Très fine, elle se rince bien.

Visage : toutes peaux, notamment les peaux grasses.

Corps : excellente base, notamment pour les huiles de massage.

RICIN (*Ricinus communis*) : huile riche.

Riche en vitamine E, elle est adoucissante, émolliente, nourrissante, protectrice, régénératrice. Très épaisse et visqueuse, elle convient plutôt aux soins localisés. Toutefois, elle pénètre bien et se rince assez facilement.

Visage : toutes peaux, conseillée pour la protection contre le froid (elle peut être employée telle quelle en baume à lèvres).

Corps : zones sèches, mains abîmées, ongles cassants.

ROSE MUSQUÉE (DU CHILI) OU ROSIER MUSCAT (*Rosa rubiginosa*) : huile riche.

Très riche en acides gras essentiels (notamment omégas-3) et en vitamines, elle est adoucissante, antidéshydratante, antirides, cicatrisante, régénératrice. Elle exerce un léger effet de protection solaire. Elle est douce et fluide, son emploi est très agréable. Son léger parfum évoque la noisette.

Visage : peaux sèches, très sèches, matures (rides, taches). Déconseillée en cas d'acné.

Corps : emploi limité par son prix élevé.

SÉSAME (*Sesamum indicum*) : huile de base (huile sèche).
Riche en acides gras essentiels, elle est adoucissante, antidéshydratante, restructurante. L'huile vierge a un goût neutre.

Visage : toutes peaux.

Corps : excellente huile de massage.

TOURNESOL (*Helianthus annuus*) : huile de base (huile sèche).
Très riche en vitamine E et en omégas-6, elle est adoucissante, antidéshydratante, nourrissante. En raison de sa fluidité et de son odeur agréable, c'est une des meilleures huiles de base, notamment pour les macérations de plantes (voir ci-après).

Visage : toutes peaux, notamment peaux sèches et très sèches.

Corps : excellente base, notamment pour les huiles de massage.

Les macérats huileux
⋯⟩ Les acheter ou les faire

Les macérats sont obtenus en laissant infuser à froid dans une huile fine des plantes ou parties de plantes qui lui transmettent leurs propriétés spécifiques.

Si ces produits sont souvent qualifiés d'« huile de carotte », par exemple, les termes les plus appropriés seraient en fait « huile à la carotte » ou « macérat de carotte ».

Macérat de feuilles de myrte.

On trouve dans le commerce un choix assez large de macérats huileux parmi lesquels nous avons retenu les plus utiles à la peau. Mais on peut aussi préparer un macérat soi-même, selon la recette ci-dessous. Il s'agit d'un excellent moyen de valorisation des fleurs de votre jardin.

Préparer un macérat

▶ Placer dans un flacon ou un bocal assez grand environ 100 g de plantes fraîches (pétales de souci, fleurs de camomille ou de pâquerette, tout petits morceaux de carotte), puis tasser.

▶ Ajouter 100 ml d'huile de base (amande douce, tournesol, olive…).
▶ Bien refermer le récipient, puis secouer délicatement.
▶ Laisser reposer pendant 2 à 3 semaines, si possible au soleil, en agitant de temps en temps.
▶ Filtrer soigneusement et verser dans un flacon hermétique en verre teinté. L'huile peut mettre plusieurs minutes à passer à travers le filtre.
▶ Conserver le macérat à l'abri de la chaleur.

⋯⟩ Les macérats les plus utiles

BELLIS OU PÂQUERETTE (*Bellis perennis*) : macération de fleurs.
Il est réputé avoir des propriétés raffermissantes et tonifiantes.
Corps : la meilleure base pour les soins du buste.

CALENDULA (*Calendula officinalis*) et **CAMOMILLE** (*Matricaria chamomilla, Chamaemelum nobile*) : macération de fleurs.
Ces deux macérats ont des propriétés antiseptiques, décongestionnantes, réparatrices. Le macérat de calendula est antioxydant (contient des flavonoïdes, antioxydants naturels).

Visage: peaux sèches, couperosées, irritées, lèvres gercées.
Corps: calment les irritations, les brûlures légères, les coups de soleil, les engelures.

CAROTTE (*Daucus carota*): macération de racines.
En raison de sa richesse en vitamine A et caroténoïdes, ce macérat favorise et entretient le bronzage et ravive le teint. Toutefois, il ne convient pas à la protection solaire.
Visage: soins «bonne mine».
Corps: huile corporelle après-solaire.

> Ce macérat serait source de points noirs (comédons), donc à éviter en soin quotidien, notamment sur les peaux jeunes.

LAVANDE (*Lavandula angustifolia*): macération de sommités fleuries.
Délicatement parfumé, aromatique, calmant et relaxant, ce macérat apaise les irritations cutanées ainsi que les douleurs et les courbatures (après un effort physique par exemple).
Visage: toutes peaux, notamment les peaux grasses.
Corps: idéal en massage corporel.

LIS (*Lilium candidum*): macération de pétales.
Ce macérat nettoie le visage et calme les irritations. Il est réputé éclaircir et unifier le teint (il atténuerait les taches pigmentaires).
Visage: toutes peaux, notamment peaux sensibles et peaux matures.

MONOÏ TIARÉ (*Gardenia tahitensis*): macération de fleurs de tiaré dans de l'huile de coprah.
Huile traditionnelle des Polynésiennes, le monoï est nourrissant et antidéshydratant. Il satine, protège, embellit et parfume la peau et les cheveux. Il calme les irritations et les coups de soleil.
Corps: nourrit et protège les zones sèches, excellent soin après-solaire.
Cheveux: embellit, nourrit et protège les cheveux, notamment du soleil.

D'autres bases indispensables

Si les huiles végétales fines sont un véritable cadeau de la nature, celle-ci nous offre bien d'autres ingrédients de base, qui permettent de varier les textures et de multiplier les bienfaits des cosmétiques naturels.

Le gel d'aloès, richesse du désert

L'aloès, « lis du désert » des Touareg, est une plante grasse qui s'épanouit dans la plupart des régions subdésertiques. Plusieurs centaines de variétés d'aloès ont été décrites, la plus connue et la plus employée étant *Aloe vera* (syn. *Aloe barbadensis*), dont la culture est de plus en plus répandue. On en extrait un suc concentré, dont les propriétés remarquables furent exploitées dès l'Antiquité pour les maladies de peau et la beauté.

⋯❧ Propriétés et usages

Le gel obtenu à partir de ce suc concentre la plupart des vitamines, notamment les vitamines A, E et B, utiles à la peau et aux cheveux. Il est également riche en sucres et en sels minéraux. Il contient de nombreux acides aminés, des enzymes, des acides organiques (les fameux AHA), des agents antioxydants et des actifs plus spécifiques.

Aloès en fleur en Afrique du Sud.

*Le gel précieux s'écoule de la feuille d'*Aloe vera.

Le gel d'aloès a une affinité exceptionnelle avec la peau. De composition riche et complexe, il stimule la cicatrisation et le renouvellement cellulaire, en favorisant la synthèse du collagène et de l'élastine. Il est calmant, antiseptique, astringent, exfoliant et très hydratant. Il rafraîchit, adoucit, raffermit, protège, reminéralise l'épiderme et permet de lutter contre les signes de vieillissement cutané.

Le gel d'aloès convient donc parfaitement à l'entretien quotidien des peaux normales, sèches, grasses et/ou fragiles. Il est tout particulièrement adapté aux peaux acnéiques. Il calme les irritations, les rougeurs dues à l'épilation ou au rasage, les coups de soleil, les démangeaisons, les piqûres d'insectes, les boutons de fièvre. Il facilite la guérison des petites coupures, des égratignures et des écorchures. Il prévient l'apparition des vergetures.

Le gel d'aloès est aussi adapté à tous les types de cheveux, puisqu'il calme les démangeaisons du cuir chevelu et s'oppose aux états pelliculaires et à la chute des cheveux. Il peut être employé comme gel de coiffage. Enfin, le gel d'aloès constitue une excellente base, en particulier pour diluer les huiles essentielles. On peut également le mélanger, à parts égales, à une huile fine de son choix, car il a la propriété d'augmenter la pénétration des acides gras dans les tissus cutanés.

⋯⋗ Guide d'achat

On trouve des gels stabilisés d'*Aloe vera*/*Aloe barbadensis* (ou parfois de l'espèce voisine *Aloe ferox*) réservés à l'application cutanée, généralement conditionnés en tube. Pour améliorer leur texture, ils contiennent un additif doux (stabilisant).

D'excellente qualité, le plus souvent biologiques, ils sont vendus notamment dans les parapharmacies et magasins de produits naturels. Il faut veiller à ce que la pureté garantie du gel soit voisine de 100 %, ce qui est généralement le cas (pureté ≥ 95 %). Vérifiez que le gel n'a pas été pasteurisé et qu'il ne contient pas des conservateurs chimiques (notamment parabens). Le label IASC (International Aloe Science Council) est un bon gage de qualité. On peut aussi utiliser le gel d'aloès liquide pur (sans stabilisant), destiné à la supplémentation alimentaire et vendu en bouteilles d'environ 1 litre. Une fois ouvert, il se conserve 1 à 2 mois au réfrigérateur. Il convient à la préparation de lotions ou de laits démaquillants, mais peut aussi être appliqué tel quel sur la peau.

Le yaourt, produit de beauté vivant

Le terme de «yaourt» s'applique exclusivement aux produits laitiers obtenus à partir de deux ferments strictement définis (*Lactobacillus bulgaricus* et *Streptococcus thermophilus*). Les produits désignés sous le terme de «lait fermenté» sont obtenus à partir d'autres ferments sélectionnés, comme *Lactobacillus casei* ou *Bifidobacterium bifidum*. Ils ont des propriétés très proches de celles du véritable yaourt.

⋯⟩ Propriétés et usages

Le yaourt est un produit vivant qui équilibre la flore cutanée superficielle (bactéries non pathogènes présentes à la surface de la peau et qui participent à ses défenses naturelles). En revanche, il limite la croissance des bactéries nuisibles. De plus, comme il est légèrement acide, il rétablit le pH cutané. Appliqué sur la peau, il est astringent et légèrement exfoliant. Il contient du lactose, des lactates et de l'acide lactique aux propriétés hydratantes, ainsi que des protéines qui gainent les cheveux. Enfin, le yaourt est très riche en minéraux et en vitamines (vitamines B1, B2 et PP).

> Le yaourt équilibre la flore cutanée superficielle et limite la croissance des bactéries nuisibles.

ZOOM *Les produits apparentés*

▶ **Le fromage blanc et la crème fraîche** ont des propriétés voisines de celles du yaourt. Choisir de préférence un fromage blanc à 40 % de MG, particulièrement nourrissant. La crème fraîche, riche en MG, constitue un excellent émulsifiant pour les huiles essentielles, notamment pour les ajouter à l'eau du bain. Dans ce cas, on choisira de préférence une crème liquide, qui se mélange mieux à l'eau, et l'on obtiendra ainsi un bain très doux.

▶ **Les laits fermentés (kéfir, lait ribot, bifidus)** peuvent remplacer le yaourt, mais ils sont parfois plus liquides, ce qui peut poser des problèmes de texture, notamment pour les masques.

▶ **Le lait** est riche en protéines, en matières grasses et en sels minéraux (choisir de préférence du lait frais entier). Il est adoucissant et astringent (tonifie le tissu cutané). Comme il s'agit d'une émulsion, il constitue un bon agent dispersant pour les huiles essentielles. Le lait en poudre biologique ou le lait concentré non sucré peuvent être ajoutés à l'eau du bain. Il est possible de remplacer les produits à base de lait de vache par des produits au lait de chèvre, de brebis ou d'ânesse très doux.

▶ **Les laits végétaux** : à la fois très riches et très doux, les laits végétaux (amande, avoine, coco, riz, soja) peuvent remplacer le lait dans toutes les recettes. Une brique de lait versée dans l'eau du bain l'adoucit et satine la peau.

Il faut rincer le yaourt très soigneusement après les soins pour éliminer les protéines non absorbées.

L'intérêt d'utiliser du yaourt dans les produits cosmétiques naturels réside aussi dans sa consistance douce et crémeuse, grâce à laquelle il est si agréable à appliquer et adhère si bien à la peau. Il constitue un excellent démaquillant.

Comme il est lui-même une émulsion, le yaourt permet d'associer dans une même préparation des substances hydrosolubles (miel) et des substances liposolubles (huiles essentielles). Il constitue donc une base idéale pour les cosmétiques ne devant pas être conservés au-delà de quelques jours, notamment les masques. Pour les soins de beauté on choisira un yaourt nature bio, bien frais, de préférence brassé.

L'œuf, berceau de vie

···≯ Propriétés et usages

Le blanc d'œuf, ou albumen, est constitué principalement d'eau et de protéines. Il contient également du lysozyme, une enzyme naturelle aux puissantes propriétés antibactériennes. Il est particulièrement riche en émulsifiants naturels (molécules tensioactives) qui expliquent notamment son pouvoir nettoyant.

Le blanc d'œuf tonifie la peau, la purifie en absorbant les impuretés et resserre les pores. Comme il se rétracte au séchage, il confère aux masques un effet tenseur. Utile également en soin capillaire, il nettoie, nourrit, gaine et fait briller les cheveux.

Le jaune est très nourrissant. Il contient environ 35 % de lipides et 15 % de protéines. Il est riche en acides gras essentiels, en vitamines (A, B, D, E) et en minéraux. De plus, comme le blanc d'œuf, il facilite la préparation des émulsions (en raison de la présence de tensio-actifs naturels). Il a également un effet lustrant sur les cheveux.

Le blanc comme le jaune peuvent être employés seuls (masque visage, cheveux), mais ils sont surtout recommandés pour les préparations combinant plusieurs ingrédients (masques, shampooings…).

Le vinaigre, plus doux qu'on ne le croit

···≯ Propriétés et usages

Le vinaigre, appliqué sur la peau, est antiseptique et calme les irritations, notamment les piqûres d'insectes et les coups de soleil. Son pH est très semblable à celui de l'épiderme, dont il rétablit l'équilibre. Il adoucit l'eau et facilite le rinçage.

Pour les soins du visage, il est surtout recommandé aux peaux grasses et aux peaux jeunes, notamment pour lutter contre l'acné, car il prévient l'apparition des comédons, resserre les pores et s'oppose à la contamination bactérienne.

⋯⟩ Guide d'achat

Les vinaigres artisanaux, biologiques de préférence, sont supérieurs aux vinaigres industriels privés de certaines vitamines et autres constituants actifs en raison d'un procédé de fabrication accéléré.

Parmi les nombreuses variétés de vinaigre, certaines sont plus particulièrement adaptées aux soins de toilette. Il s'agit des vinaigres fins (miel, cidre, citron, framboise).

Le vinaigre d'alcool (vinaigre blanc) est recommandé pour la préparation de vinaigres de toilette, obtenus par macération de plantes (voir la recette p. 148).

Les farines, pour une peau de satin
⋯⟩ Propriétés et usages

Utilisées en poudre sèche, les farines et les fécules exercent des propriétés absorbantes et couvrantes, que l'on retrouve notamment dans la fameuse poudre de riz. De plus, l'amidon dont elles sont constituées est une matière très douce, qui forme avec l'eau une solution onctueuse constituant une excellente base, pour épaissir et stabiliser les préparations, tout en augmentant leurs propriétés émollientes et hydratantes.

> L'amidon a la propriété d'adoucir l'eau, surtout quand elle est calcaire.

La farine (ou « crème ») d'avoine est particulièrement adaptée aux peaux sensibles. Mais on peut aussi recommander les farines de froment ou de maïs, la crème de riz, la fécule de pomme de terre, etc. La farine de châtaigne étant naturellement sucrée, elle est très douce et hydratante.

Les farines et les dérivés céréaliers ont également des propriétés exfoliantes (voir p. 124), liées notamment à la présence de fibres résiduelles. Ainsi, moins la farine subit de raffinage, plus elle contient de fragments d'enveloppe de grains (son), qui augmentent ses propriétés gommantes.

Les argiles, précieux cadeaux de la terre

⋯⟩ Propriétés et usages

L'argile est une roche sédimentaire terreuse riche notamment en silicium et magnésium, minéraux aux excellentes propriétés cosmétiques (le magnésium notamment décrispe la peau), auxquels s'ajoutent de précieux oligoéléments.

Lorsqu'elle est imbibée d'eau, l'argile forme une pâte malléable et onctueuse qui adhère parfaitement à la peau. Elle constitue donc un excellent agent de texture et une base idéale pour les soins du visage, en particulier pour les masques.

Utilisée sèche, l'argile blanche surfine peut remplacer le talc (à éviter car très allergisant), pour protéger les fesses des bébés ou absorber la transpiration. L'argile est naturellement calmante, cicatrisante,

Par sa très forte teneur en minéraux, l'argile fortifie la peau.

décongestionnante, reminéralisante et stimulante. Elle permet un nettoyage profond de la peau grâce à son fort pouvoir absorbant. Elle capture les microbes et les impuretés, ce qui la rend très utile en cas d'acné, de pores obstrués ou de boutons infectés. En séchant, elle resserre les pores. Enfin, l'argile est particulièrement appropriée aux soins capillaires (shampooings ou masques). Elle convient aux cheveux gras, en raison de ses propriétés assainissantes et séborégulatrices, mais aussi aux cheveux normaux. Le rassoul (ou ghassoul), par exemple, donne à la chevelure un aspect soyeux, brillant, et rend le démêlage facile.

Argile, mode d'emploi

Si l'on utilise de l'argile en poudre, on peut l'humecter avec de l'eau peu minéralisée ou avec une eau florale, une infusion de plante tiédie, du jus de fruit ou de concombre frais ou une huile végétale.

On recommande souvent de laisser reposer la pâte obtenue quelques heures à l'air et à la lumière, ce qui aurait pour effet d'augmenter son efficacité. Par ailleurs, pour ne pas altérer ses propriétés, il faut éviter les ustensiles en plastique ou en métal (sauf inox ou émail) lors de la préparation des produits à base d'argile et privilégier la faïence, le verre, la porcelaine et le bois.

···⟩ Des argiles de toutes les couleurs!

Il existe plusieurs couleurs d'argiles dont les propriétés varient en fonction de la composition minérale.

ARGILE BLANCHE (kaolin) : très fine et douce, elle calme les irritations, reminéralise l'épiderme et favorise l'élimination des impuretés.
Visage : toutes peaux y compris peaux fines, sèches et fragiles.
Cheveux : secs dévitalisés. En masque capillaire ou shampooing à sec.
Corps : elle remplace le talc (fesses des nourrissons, zones de friction, aisselles).

ARGILE JAUNE (illite) : ses propriétés sont voisines de celles de l'argile rouge (ci-dessous). Elle est stimulante, oxygénante et tonifiante.
Visage : toutes peaux, y compris les peaux sensibles.

ARGILE ROSE (mélange d'argile rouge et d'argile blanche) : riche en oligoéléments, elle est adoucissante et redonne de l'éclat aux peaux fragiles.
Visage : toutes peaux, notamment peaux délicates et réactives (ayant tendance aux rougeurs).

ARGILE ROUGE (illite) : riche en oxydes de fer et en oligoéléments, elle rééquilibre la peau, illumine le teint et améliore la circulation sanguine. Très absorbante, elle nettoie les pores en éliminant les impuretés.
Visage : toutes peaux, y compris les peaux sensibles.
Corps : en cataplasme pour atténuer les douleurs (irritations, brûlures superficielles, douleurs articulaires).

ARGILE VERTE (illite) : très efficace, l'argile verte est purifiante, régénératrice des zones fragilisées, reminéralisante et revitalisante. Elle absorbe et régularise l'excès de sébum.
Visage : peaux normales ou grasses (éviter sur les peaux sensibles).
Cheveux : à tendance grasse. En masque capillaire.
Corps : en cataplasme pour atténuer les douleurs.

⋯⟩ Guide d'achat

Il est facile de se procurer la plupart des argiles en pharmacie, para-pharmacie ou dans les magasins de produits naturels ; en pâte prête à l'emploi ou sous forme de poudre ou de granulés. Dans le cas des argiles en pâte, vérifier qu'elles ne contiennent pas de conservateurs chimiques.

Le rassoul est vendu dans les hammams ou les magasins orientaux. Il se présente soit en poudre, soit comme une pierre argileuse, qu'il faut préalablement broyer, puis dissoudre avec un peu d'eau tiède ou un autre liquide.

Quelques argiles gorgées de soleil

Rassoul (montmorillonite) : le rassoul, argile brun-gris originaire du Maroc, est un des trésors de beauté des femmes du Maghreb. Très riche en oligoéléments, il a des vertus absorbantes, astringentes mais aussi adoucissantes. Il est idéal pour les soins des cheveux, mais peut être également utilisé sur le visage en raison de son extrême douceur.

Boues de la mer Morte (montmorillonite, kaolin, illite…) : de composition complexe et très riche, elles revitalisent l'organisme, stimulent et nettoient la peau en profondeur. Elles conviennent notamment aux peaux acnéiques.

Terre de Sommières (montmorillonite verte de Provence) : cette argile polyvalente est très absorbante, stimulante, reminéralisante et cicatrisante. Elle convient surtout aux peaux grasses et mixtes. On la recommande en micromasques sur les lésions cutanées (petites plaies, boutons…).

Les actifs naturels

Cette deuxième partie est consacrée aux ingrédients
naturels que nous avons classés comme « actifs », soit
parce qu'ils s'emploient à de très faibles concentrations,
soit parce qu'ils ne sont pas utilisés à proprement parler
comme base. Parmi les actifs naturels concentrés, les plus
employés dans la cosmétique maison sont les huiles
essentielles. Extrêmement puissantes, ce sont elles qui
conféreront aux préparations leurs arômes et leurs
propriétés spécifiques.

Les hydrolats sont très proches des huiles essentielles par
leur origine puisqu'ils sont eux aussi issus de la
distillation des plantes. Moins concentrés en substances
actives, ils n'en sont pas moins remarquablement adaptés
aux soins de la peau.

Enfin, les fruits et les plantes fraîches ou séchées,
ainsi que les produits de la ruche, viendront eux aussi
apporter à vos préparations tous les trésors intacts
que nous offre la nature.

Merveilleuses huiles essentielles

Les huiles essentielles : portrait

Les huiles essentielles sont des extraits précieux obtenus par distillation de plantes fraîches à la vapeur d'eau dans un alambic, selon une méthode inventée au début du Moyen Âge par les Arabes.

On leur associe les essences de zestes d'agrumes, tout aussi actives, qui sont obtenues par simple expression à froid.

Quant aux oléorésines, il s'agit d'extraits obtenus par macération d'une partie de plante ou d'une résine dans un solvant (le plus souvent l'alcool), qui est ensuite éliminé par distillation à la vapeur. Elles sont encore plus riches que les huiles essentielles.

ZOOM *La nature en puissance*

Bien qu'on les appelle « huiles » car elles sont liposolubles et plus légères que l'eau, les huiles essentielles ne sont pas des corps gras. Elles sont constituées de molécules odorantes volatiles, produites par différentes parties des plantes : fleurs, feuilles, racines, fruits…

Ainsi, certains végétaux fournissent plusieurs essences ou huiles essentielles provenant de diverses parties de la plante, aux propriétés différentes. Par exemple l'oranger amer donne le petit-grain, l'essence d'orange amère et le précieux néroli. De même, dans certaines espèces végétales (comme le thym et le romarin par exemple), on distingue des variétés botaniques donnant des huiles essentielles dont la composition est différente, bien qu'elles soient extraites des mêmes parties de la plante. On les définit généralement par le chémotype, c'est-à-dire la molécule présente en plus grande quantité (par exemple thym à thymol, thym à géraniol…).

Sauge sclarée en fleur.

Chez ce producteur auvergnat d'huiles essentielles issues de culture biologique, les déchets végétaux partent au compostage après distillation (Helpac).

▶ **Concentrées et surpuissantes** : les huiles essentielles concentrent les actifs volatils contenus dans une impressionnante quantité de plantes. Ainsi, pour produire 1 kg d'huile essentielle de lavande fine il faut environ 100 kg de plantes fraîches, 500 kg pour le thym, 1 tonne pour la fleur d'oranger (néroli) ! Un seul flacon de 10 ml d'huile essentielle de rose nécessite plus de 52 kg de pétales ! Cette concentration exceptionnelle en actifs justifie aussi de respecter strictement les précautions d'emploi (voir p. 67).

▶ **Polyvalentes** : elles sont constituées d'un mélange de substances actives et peuvent contenir plus de 100 molécules différentes (cétones, esters, coumarines, phénols, monoterpénols),

autant de principes actifs qui exercent globalement une variété d'actions sur l'organisme. C'est pourquoi une même huile essentielle peut être à la fois antiseptique, stimulante, cicatrisante, relaxante. C'est pourquoi également elle peut convenir à différents types de peau.

▶ **Synergiques** : certaines d'entre elles sont synergiques, c'est-à-dire qu'elles se potentialisent mutuellement. Les associations permettent donc d'accentuer telle ou telle propriété d'une huile essentielle, en lui en associant une autre qui lui est complémentaire. Ainsi, dans les recettes, nous vous proposerons très souvent une sélection d'huiles essentielles à employer seules ou en mélange.

Par exemple : lavande fine + tea-tree = association antiseptique, lavande fine + pamplemousse = association antiséborrhéique, lavande fine + tea-tree + pamplemousse = complexe antiseptique et antiséborrhéique (peaux jeunes, à problèmes).

▶ **Holistiques** : les huiles essentielles appliquées sur la peau pénètrent et agissent au niveau cutané. Mais leurs effluves sont aussi captés par les centres olfactifs. Elles peuvent ainsi agir sur le psychisme et certaines procurent une réelle sensation de bien-être (lavande fine, litsea, rose, ylang-ylang…). Elles sont donc les ingrédients de choix d'une démarche holistique (globale), associant soins du corps et bien-être général.

«Sortie» d'huile essentielle (matricaire).

···⟩ Une grande famille

On considère actuellement qu'il existe environ 150 huiles essentielles, essences et oléorésines aux propriétés thérapeutiques clairement établies. Nous les désignerons par la suite sous le terme générique d'huiles essentielles. Elles sont à la base de l'aromathérapie, discipline de santé dont la pratique nécessite des connaissances très précises.

Dans cet ouvrage, nous nous limiterons à l'usage cosmétique des huiles essentielles, employées exclusivement par voie externe, à faible concentration (moins de 5 %) ou sur des zones très limitées. Certaines d'entre elles ont des propriétés cosmétiques remarquables. Leurs principes actifs diffusent rapidement à travers la peau, au-delà de la barrière épidermique. Elles agissent donc en profondeur sur les structures cutanées, les capillaires sanguins et les tissus de soutien. De plus, elles exercent pour la plupart des propriétés antiseptiques qui permettent d'éviter l'ajout de conservateurs antimicrobiens chimiques dans les préparations.

> Le recours aux huiles essentielles à des fins médicales doit toujours se faire sous le contrôle d'un professionnel.

⋯⋗ Nos huiles essentielles préférées

Dans le présent ouvrage, nous avons retenu une sélection d'huiles essentielles d'emploi facile et dont les propriétés aromatiques et cosmétiques font des ingrédients de choix pour les soins de beauté. Le classement par fourchette de prix est donné à titre indicatif, car il peut varier selon les fournisseurs, voire selon les fluctuations de production (une mauvaise année climatique pouvant faire grimper le prix de certaines huiles essentielles).

Les plus abordables	Les prix moyens	Les petits luxes !
Benjoin	Bois de rose	Achillée millefeuille
Cèdre de l'Atlas	Camomille allemande	Bois de santal alba
Citron	Carotte	Camomille romaine
Eucalyptus radié	Cyprès vert	Ciste ladanifère
Lavandin	Encens oliban	Cyprès bleu
Lemongrass	Géranium Bourbon	Galbanum
Litsea	Laurier noble	Géranium rosat
Menthe douce	Lavande aspic	Hélichryse
Niaouli	Lavande fine	Immortelle
Orange amère	Mandarine	Myrrhe
Orange douce	Marjolaine à coquilles	Néroli
Palmarosa	Myrte	Rose
Pamplemousse	Nard	
Patchouli	Ravensare	
Petit-grain	Sauge sclarée	
Romarin (à cinéole, à verbénone)*	Thym (à linalol, à géraniol)*	
Tea-tree	Ylang-ylang	* Le prix de ces huiles essentielles varie selon le chémotype.
Vétiver		

⋯⋗ Propriétés des huiles essentielles sélectionnées

La précision du nom latin (en italique) nous semble nécessaire pour éviter toute erreur d'identification à l'achat. L'encadré « Attention aux confusions » (p. 71) lèvera les dernières ambiguïtés.

Nous indiquons également, dans les grandes lignes, les caractéristiques aromatiques des huiles essentielles. En effet, il ne pourra pas vous échapper que toutes sont très parfumées : certaines sont fraîches, d'autres sucrées voire capiteuses. Toutefois, l'appréciation des odeurs est subjective. Ainsi, un parfum qui semblera délicieux à certains pourra se révéler désagréable pour d'autres.

Dans cet ouvrage, les huiles essentielles sont principalement employées pour leurs propriétés cosmétiques. Cependant, dans certaines recettes, elles sont simplement utilisées pour parfumer les préparations. Vous utiliserez alors vos préférées, choisies exclusivement dans la sélection proposée ci-dessous. Les fragrances que nous recommandons pour cet usage sont : benjoin, bois de rose, géranium rosat, litsea, orange, mandarine, ylang-ylang. Nous vous conseillons surtout la lavande fine, au parfum doux et frais, généralement apprécié de tous.

ACHILLÉE MILLEFEUILLE (*Achillea millefolium*).

Visage : calmante, cicatrisante et antiseptique, adaptée aux peaux infectées, irritées. Soulage les lèvres gercées. Tonifiant veineux, très utile pour les peaux couperosées.

Parfum : fleuri, délicat.

✖ Huile essentielle formellement interdite pendant la grossesse.

BENJOIN (*Styrax benzoin*).

Visage : antibactérienne, cicatrisante, adoucissante, hydratante et tonifiante cutanée. Elle convient aussi bien aux peaux grasses ou acnéiques qu'aux peaux sèches à très sèches.

Parfum : chaud, sucré, vanillé, sensuel, stimulant et réconfortant.

Merveilleuse teinture de benjoin

Le benjoin, essence sacrée par excellence dans la tradition orientale, est obtenu à partir de la résine naturelle qui s'écoule du tronc de l'aliboufier, arbre originaire d'Asie.

En plus de son huile essentielle (oléorésine), on trouve en pharmacie une teinture hydro-alcoolique vendue en vrac (demander 100 ml). Cette dernière est d'un emploi facile et se mélange à toutes les préparations. On peut aussi en ajouter à l'eau du bain pour l'adoucir et la parfumer. Son parfum, très agréable, est sucré, balsamique, vanillé.

Des huiles essentielles contre les petits bobos

Brûlures, coups de soleil : huiles essentielles de camomille, cyprès bleu, lavande, diluées dans une huile ou du gel d'aloès (3 à 4 %, soit 3 à 4 gouttes pour 1 cuiller à café d'huile ou de gel).

Coupures, petites plaies : huiles essentielles de ciste, cyprès bleu, lavandin, menthe douce, romarin, tea-tree, vétiver, pures (1 à 2 gouttes) ou diluées dans une huile ou du gel d'aloès (3 à 4 %).

Coups, hématomes : 3 à 4 gouttes d'huile essentielle d'hélichryse ou d'immortelle, appliquées pures sur la lésion.

Piqûres d'insectes : huile essentielle d'immortelle, lavande aspic, tea-tree, pures (3 à 4 gouttes) ou diluées à 3 à 4 % dans du gel d'aloès (on peut aussi appliquer de la citronnelle de Ceylan).

Feu du rasoir : huiles essentielles de ciste, cyprès bleu, lavandin, tea-tree, vétiver, diluées dans une lotion ou dans du gel d'aloès (2 à 3 %).

BOIS DE ROSE (*Aniba rosaeodora, Aniba parviflora*).
Visage : utile à tous les soins de la peau et à tous les types de peaux. Rééquilibrante, rajeunissante et régénératrice, elle s'emploie contre les rides, les taches et les mines fatiguées.
Parfum : doux, légèrement boisé avec une note camphrée, relaxant.

BOIS DE SANTAL ALBA (*Santalum album*).
Visage : calmante et antiseptique. Très bénéfique aux peaux grasses, irritées, sensibles.
Corps : décongestionnant, elle aide à lutter contre la cellulite et la tension prémenstruelle.
Parfum : sensuel et oriental, sucré, boisé et épicé, très relaxant.

CAMOMILLE ALLEMANDE (*Matricaria chamomilla*).
Visage : calmante, cicatrisante, régénératrice et antiseptique, elle stimule la réparation tissulaire. Elle convient à toutes les peaux, notamment sensibles et couperosées.
Parfum : délicat, discret, apaisant.

CAMOMILLE ROMAINE, CAMOMILLE NOBLE (*Chamaemelum nobile*).
Visage : antiseptique et calmante, c'est un excellent régénérant cutané.

Convient aux peaux mixtes mais aussi sensibles, couperosées, irritées.
Parfum : fleuri, délicat, apaisant.

CAROTTE (*Daucus carota*).
Visage : revitalisante, régénératrice et antirides.
Parfum : boisé, légèrement fruité, évoquant l'abricot.

CÈDRE DE L'ATLAS, CÈDRE (*Cedrus atlantica*).
Visage : tonique et assainissante. Recommandée en cas d'acné ou de couperose.
Cheveux : antiseptique et régulatrice des peaux et cuirs chevelus gras.
Corps : amincissante, drainante, active contre la cellulite.
Parfum : chaud et boisé.
Si vous ne trouvez pas d'huile essentielle de cèdre de l'Atlas, vous pouvez la remplacer par le cèdre du Liban (*Cedrus libani*).
✖ Huile essentielle formellement interdite pendant la grossesse.

CISTE LADANIFÈRE, CISTE, CISTE À GOMME (*Cistus ladaniferus*).
Visage : réputée pour ses excellentes propriétés antirides. Raffermissante et astringente, elle affine le contour du visage.
Corps : hémostatique et cicatrisante (traitement des petites blessures).
Parfum : ambré, boisé, chaud et tenace, évoquant la Méditerranée.

Ciste à gomme en fleur.

CITRON (*Citrus limon, Citrus limonum*).
Visage : polyvalente (antiseptique, énergisante, purifiante, stimulante, tonifiante…). Recommandée en cas d'acné, de pores dilatés, elle corrige également les défauts de pigmentation.
Cheveux : adaptée aux cheveux à tendance grasse.
Corps : recommandée pour les soins des mains et pour renforcer les ongles cassants. Appréciée en massage amincissant.
Parfum : frais et fruité.
✖ Attention : irritante si appliquée pure.

CYPRÈS BLEU (*Callitris intratropica*).
Visage : excellentes propriétés cosmétiques (calmante, rafraîchissante et régénératrice cutanée). Recommandée en cas de peau irritée ou d'acné.
Corps : très agréable en massage ou dans un bain.
Parfum : riche et boisé.
✖ Attention : encore difficile à trouver (sur Aroma-zone.com), sa diffusion devrait se développer dans les années à venir.
✖ Huile essentielle formellement interdite pendant la grossesse.

CYPRÈS VERT, CYPRÈS TOUJOURS VERT (*Cupressus sempervirens*).
Corps : huile essentielle majeure dans les troubles circulatoires périphériques. Favorise la circulation veineuse cutanée, décongestionne les tissus, aide à lutter contre la cellulite.
Parfum : frais, boisé, à la fois relaxant et stimulant.
✖ Huile essentielle formellement interdite pendant la grossesse.

ENCENS OLIBAN, ENCENS (*Boswellia carterii, Boswellia frerana*).
Visage : calmante, cicatrisante, anti-âge cutané, immunostimulante. Très utile pour les peaux matures, fragilisées.
Parfum : chaud, oriental.

EUCALYPTUS RADIÉ, OFFICINAL, À FEUILLES RADIÉES (*Eucalyptus radiata*).
Visage : elle est peu employée pour les soins du visage, mais comme il s'agit d'un excellent antiseptique, elle est utile pour traiter les lésions d'acné (très diluée ou en fumigation).
Cheveux : recommandée pour les cuirs chevelus gras.
Corps : utile en massage contre la cellulite.
Parfum : frais, boisé, camphré, sain et stimulant.
✖ Attention : pas d'emploi à long terme.
✖ Huile essentielle formellement interdite pendant la grossesse.

GALBANUM (*Ferula galbaniflua*).
Visage : propriétés calmantes, antiseptiques, énergisantes, tonifiantes, proches de celles de la myrrhe.
Corps : soulage les muscles et les articulations. Très utile en massage après un effort physique.
Parfum : chaud, sensuel, oriental.

GÉRANIUM BOURBON (*Pelargonium roseum*).
Visage : très bien tolérée, c'est l'huile essentielle cosmétique par excellence. Elle est intéressante dans tous les soins de la peau car elle est polyvalente (astringente, antiseptique, cicatrisante, illumine le teint, stimule la circulation sanguine).
Corps : tonique et stimulante, elle soulage la tension prémenstruelle.
Parfum : fleuri, délicat, à la fois stimulant et relaxant.

GÉRANIUM ROSAT : 2 variétés.
GÉRANIUM ROSAT D'ÉGYPTE (*Pelargonium graveolens*).
GÉRANIUM ROSAT DE CHINE (*Pelargonium x asperum*).
Visage et corps : mêmes propriétés que l'huile essentielle de géranium Bourbon, mais légèrement moins active.
Parfum : légèrement différent du géranium Bourbon, très proche de la rose, très agréable.

HÉLICHRYSE, HÉLICHRYSE DE MADAGASCAR (*Helichrysum gymnocephalum*).
Visage : douée d'excellentes propriétés calmantes, elle convient parfaitement aux peaux irritées.
Parfum : rafraîchissant, agréable, relaxant.
✖ Attention : pas d'emploi fréquent ou prolongé.

IMMORTELLE, IMMORTELLE D'ITALIE, IMMORTELLE ITALIENNE (*Helichrysum italicum ssp. serotinum*).
Visage : antiradicalaire, calmante, cicatrisante, elle raffermit les tissus, stimule la circulation sanguine. Très utile en cas de couperose.
Corps : plus efficace que l'arnica, elle peut être appliquée pure sur les ecchymoses et les plaies, sauf en cas de saignement. Elle calme les petites allergies cutanées et les piqûres d'insectes.
Parfum : intense, fruité, suave, évoquant le miel, très apaisant.

LAURIER NOBLE (*Laurus nobilis*).
Visage : excellent antimicrobien cutané. Peut être appliquée pure sur les lésions d'acné (1 goutte).
Parfum : frais, suave, épicé, stimulant, réconfortant.
✖ Huile essentielle formellement interdite pendant la grossesse.

LAVANDE ASPIC (*Lavandula latifolia*).
Visage : antiseptique, cicatrisante et calmante. Convient aux peaux irritées, acnéiques.
Corps : peut remplacer la lavande fine.
Parfum : frais, beaucoup plus camphré que la lavande fine, rafraîchissant et relaxant.
✖ Huile essentielle formellement interdite pendant la grossesse.

LAVANDE FINE, LAVANDE VRAIE, LAVANDE OFFICINALE (*Lavandula angustifolia*).
Visage : huile essentielle polyvalente, elle est très utile à tous les soins cutanés et à toutes les peaux. Elle favorise le renouvellement des

Culture de la lavande en moyenne montagne.

cellules cutanées et régule la production de sébum. Elle aide à lutter contre l'acné.

Cheveux: elle stimule la pousse des cheveux.

Corps: idéale dans les huiles corporelles.

Parfum: subtil, frais et fleuri, très agréable, évoquant la Provence, à la fois stimulant et apaisant.

LAVANDIN (*Lavandula hybrida, Lavandula x intermedia*).

Visage: antiseptique, stimulante, vasotonique, elle est très utile aux soins cutanés (acné, couperose, peaux matures).

Cheveux: convient à tous les soins capillaires, notamment aux cheveux gras.

Corps: recommandée pour les massages corporels et les bains (notamment après l'effort physique).

Parfum: fleuri et agréable (moins subtil que la lavande), rafraîchissant.

LEMONGRASS, LEMON-GRASS (*Cymbopogon citratus, Cymbopogon flexuosus citraliferum*).
Visage : excellent désinfectant cutané, très efficace contre l'acné.
Cheveux : quelques gouttes dans le shampooing donnent du brillant aux cheveux.
Corps : recommandée en massage contre la cellulite.
Parfum : frais, léger, citronné, rafraîchissant et apaisant.
✖ Attention : toujours utiliser très diluée (irritante au-delà de 1 %).

LITSEA, LITSÉE, LITSÉE CITRONNÉE (*Litsea cubeba, Listea citrata*).
Visage : antiseptique, elle convient aux peaux grasses à tendance acnéique.
Corps : convient aux massages en cas de tension musculaire ou de douleur articulaire.
Parfum : proche de la verveine et du citron, très agréable, à la fois calmant et stimulant.
✖ Attention : légèrement irritante, toujours utiliser très diluée (1 %).

MANDARINE (*Citrus reticulata*).
Visage : bien tolérée, elle a des propriétés cicatrisantes et légèrement antiseptiques. Elle convient surtout aux peaux normales à grasses.
Corps : elle parfume agréablement toutes les préparations.
Parfum : fruité et délicat, apprécié de tous, très relaxant.

MARJOLAINE À COQUILLES, MARJOLAINE DOUCE, MARJOLAINE DES JARDINS (*Majorana hortensis, Origanum majorana*).
Corps : soulage les muscles et les articulations. Très utile en massage après un effort physique.
Parfum : herbacé, boisé, légèrement camphré, évoquant la garrigue, très relaxant.
✖ Attention : toujours utiliser très diluée (1 à 2 %) car elle peut se révéler irritante.
✖ Huile essentielle formellement interdite pendant la grossesse.

MENTHE DOUCE, MENTHE VERTE (*Mentha spicata*).
Visage : antiseptique, calmante, cicatrisante, stimulante. Utile aussi bien pour les peaux acnéiques que contre le vieillissement cutané.
Parfum : frais, doux et sucré (évoquant la chlorophylle).
✖ Attention : pas d'usage fréquent ni prolongé. Utiliser très diluée.
✖ Huile essentielle formellement interdite pendant la grossesse.

MYRRHE (*Commiphora myrrha, Commiphora abyssinica*).
Visage : antiseptique, astringente, calmante, cicatrisante, stimulante. Utile aussi bien pour les peaux acnéiques, les boutons de fièvre et le vieillissement cutané.
Parfum : chaud, sucré, balsamique, mystique.
✖ Attention : pas d'usage trop fréquent ni prolongé.

MYRTE, MYRTE À CINÉOLE (*Myrtus communis*).
Visage : tonifiante et astringente, elle est recommandée aussi bien aux peaux grasses qu'aux peaux matures. Peut être appliquée pure sur les boutons d'acné (1 goutte).
Parfum : herbacé, fin et puissant.

NARD, NARD JATAMANSI (*Nardostachys jatamansi*).
Visage : effet vasoconstricteur qui la rend particulièrement utile pour les peaux couperosées.
Cheveux : en Inde, cette huile est réputée favoriser la pousse des cheveux.
Parfum : épicé et musqué, assez capiteux, sensuel, très relaxant.

NÉROLI, FLEUR D'ORANGER (*Citrus aurantium*).
Visage : à la fois douce et puissante, elle revitalise et redonne de l'élasticité à la peau. Favorable aux peaux sèches, matures et sensibles mais également en cas d'acné.
Parfum : fruité, sensuel, d'une finesse incomparable, très relaxant.

NIAOULI (*Melaleuca quinquenervia*).
Visage : excellent antiseptique. Elle peut être appliquée pure sur les lésions d'acné ou les boutons de fièvre (1 goutte).
Parfum : frais et puissant.

ORANGE DOUCE (*Citrus sinensis*).
Visage : bien tolérée par toutes les peaux, elle est calmante, décongestionnante et corrige les défauts de pigmentation.
Corps : elle peut être employée pour parfumer agréablement toutes les préparations.
Parfum : doux, chaud, fruité, à la fois stimulant et relaxant.

ORANGE AMÈRE, BIGARADE (*Citrus aurantium*).
Visage : astringente, elle convient bien aux soins des peaux grasses. Elle est également antirides, revitalisante pour les peaux matures.
Corps : drainante, utile contre la cellulite.
Parfum : doux, chaud, fruité, apprécié de tous, à la fois stimulant et relaxant.

PALMAROSA, PALMA ROSA (*Cymbopogon martinii* var. *motia*), **GINGER-GRASS** (*C. martinii* var. *sofia*).
Visage : antiseptique, calmante, purifiante elle convient particulièrement aux peaux acnéiques. Peut être employée pure sur les boutons (1 goutte).
Cheveux : adaptée aux soins des cheveux (tous types).
Parfum : doux, fleuri, évoquant la rose, à la fois stimulant et relaxant.

PAMPLEMOUSSE (*Citrus grandis*).
Visage : antiseptique et purifiante. Très utile pour les peaux grasses et congestionnées.
Cheveux : adaptée aux cheveux gras, réduirait la chute des cheveux.
Corps : drainante et très efficace contre la cellulite, elle est adaptée aux massages amincissants.
Parfum : frais, acidulé, fruité, tonifiant, rafraîchissant.

PATCHOULI (*Pogostemon patchouli, Pogostemon cablin*).
Visage : antiseptique, calmante, cicatrisante, régénératrice. Adaptée à tous soins de la peau, notamment aux peaux grasses, matures, sensibles.
Parfum : oriental, sucré, très aromatique, sensuel.
✖ Attention : déconseillé aux cardiaques.

PETIT-GRAIN (*Citrus aurantium, Citrus limon, Citrus reticulata*).
Visage : huile essentielle absolument indispensable, elle est antioxydante, antiseptique, calmante, stimulante cutanée. Recommandée pour tous les soins cosmétiques et pour tous les types de peau. Très bien tolérée. Peut être appliquée pure sur les boutons (1 goutte).
Cheveux : adaptée aux cheveux secs et abîmés.
Parfum : sucré, fruité, agréable et apaisant mais n'égalant pas celui du néroli.
✖ On peut trouver du petit-grain provenant de différentes espèces de Rutacées ou agrumes (citronnier, mandarinier, oranger), aux propriétés équivalentes. Le plus commun est le petit-grain bigaradier.

Le bigaradier nous offre l'indispensable petit-grain et le précieux Néroli.

Romarin.

RAVENSARE, RAVENSARE AROMATIQUE (*Ravensara aromatica*).
Visage : aussi facile à utiliser et polyvalente que la lavande. Peut être employée pure, par petites touches (1 goutte), en particulier sur les boutons d'acné ou les boutons de fièvre.
Corps : elle soulage les muscles. Très utile en massage après un effort physique.
Parfum : proche de ceux du romarin et de la lavande, très stimulant.

ROMARIN (*Rosmarinus officinalis*) (2 chémotypes : cinéole et verbénone).
Visage : antiseptique, antioxydante et cicatrisante, recommandée aux peaux grasses.
Cheveux : fortifie les cheveux, assainit et stimule le cuir chevelu (contre la chute).
Parfum : aromatique, frais et herbacé, stimulant.
✖ Attention : peut être irritante, utiliser très diluée (1 %). Éviter en cas d'hypertension.
✖ Huile essentielle formellement interdite pendant la grossesse.

ROSE (*Rosa centifolia*, *Rosa damascena*).

Visage : elle possède des propriétés exceptionnelles comme tonique et régénérant cutanés. Elle s'emploie contre les rides, la couperose et sur les peaux atones et vieillissantes.

Corps : en massage, pour les soins du buste, elle soulage les tensions.

Parfum : fleuri, sensuel, incomparable.

✖ Attention : son seul défaut est son prix (environ 1 euro la goutte).

SAUGE SCLARÉE, SAUGE MUSCAT (*Salvia sclarea*).

Visage : stimulant cutané aux vertus réparatrices exceptionnelles, elle est aussi antioxydante et décongestionnante. Elle limite la production de sébum. Elle convient aussi bien aux peaux grasses à tendance acnéique qu'aux peaux matures.

Cheveux : elle régule les cheveux gras, favorise la pousse des cheveux, dont elle resserre les écailles.

Parfum : musqué, chypré et naturel, fort, mais agréable et sensuel.

✖ Attention : déconseillée en cas d'insuffisance cardiaque.

✖ Huile essentielle formellement interdite pendant la grossesse.

TEA-TREE, ARBRE À THÉ, MÉLALEUQUE À FEUILLES ALTERNES (*Melaleuca alternifolia*).

Visage : excellent antiseptique cutané, indispensable aux peaux à tendance acnéique. Peut être appliquée pure sur les boutons d'acné, les boutons de fièvre.

Corps : décontracturant musculaire et décongestionnant veineux, très utile après l'effort physique ou en cas de jambes lourdes. atteints.

Parfum : frais, résineux, stimulant, légèrement médicamenteux.

Manuka

Plus difficile à trouver, l'huile essentielle de manuka, ou « tea-tree de Nouvelle-Zélande » (*Leptospermum scoparium*) est encore très peu connue en France, mais sa notoriété devrait se développer car il s'agit d'un véritable antibiotique naturel, qui agit très rapidement, en particulier sur l'acné. Son odeur est plus délicate que celle du tea-tree.

THYM (2 chémotypes retenus : linalol et géraniol) (*Thymus vulgaris*).
Visage : excellent antiseptique et tonique cutané. Possède également des propriétés calmantes et antioxydantes. Convient à toutes les peaux.
Parfum : herbacé, aromatique, fin et doux, relaxant.

VÉTIVER (*Vetiveria zizanoides*).
Visage : soins des peaux normales à grasses. Peut être appliquée pure (1 goutte) sur les boutons d'acné. Cicatrisant, protecteur vasculaire : recommandé en lotion après-rasage. Réveille le teint.
Parfum : boisé, assez lourd, masculin.

YLANG-YLANG (*Cananga odorata*).
Visage : régénérant cellulaire et antiseptique. Convient à toutes les peaux, notamment aux peaux acnéiques et aux peaux sèches, matures.

En dialecte malais, ylang-ylang signifie « fleur des fleurs ».

Cheveux : recommandé aux cheveux secs. Stimulerait la pousse des cheveux.

Parfum : fleuri, raffiné, sensuel, très féminin, un peu entêtant.

✱ Attention : l'inhalation du parfum peut engendrer des maux de tête. Ne pas employer à plus de 2 à 3 % sur le visage. Éviter en cas d'hypotension.

La famille des huiles essentielles est très vaste, mais pour vous lancer dans la préparation de vos premiers produits cosmétiques en limitant votre investissement, une gamme de 3 ou 4 huiles essentielles constituera une excellente base que vous pourrez étoffer petit à petit au gré de vos expérimentations (voir « Le kit du débutant », p. 106).

Bien utiliser les huiles essentielles

⋯⟩ Conservation

Les huiles essentielles se conservent plusieurs années à température ambiante, mais à l'abri de la lumière et de la chaleur. On doit les garder dans leur flacon d'origine, bien fermé pour éviter l'évaporation. Une date limite de conservation est indiquée sur les flacons. Il faut savoir que la durée de conservation des essences de zestes d'agrumes (citron, orange…) est plus courte que celle des véritables huiles essentielles. Les oléorésines (benjoin, encens oliban, myrrhe, nard, patchouli…) ont tendance à épaissir et à s'écouler plus difficilement si on les garde trop longtemps.

⋯⟩ Précautions d'emploi et contre-indications

PRÉCAUTIONS À PRENDRE AVEC TOUTES LES HUILES ESSENTIELLES

▶ Toutes les huiles essentielles peuvent être irritantes pour les yeux. En cas de contact, il faut immédiatement rincer l'œil avec de l'huile végétale douce (amande douce, tournesol), puis avec de l'eau ou du sérum physiologique.

▶ Diluer les huiles essentielles dans une huile végétale ou dans du gel d'aloès avant de les appliquer sur la peau. Seules certaines peuvent être appliquées pures, à raison de 1 ou 2 gouttes, sur une petite lésion ou un bouton : ciste ladanifère, immortelle, laurier noble, lavande fine, myrte, palmarosa, petit-grain, ravensare, teatree, vétiver.

▶ Certaines huiles essentielles sont **irritantes** pour la peau. Il conviendra d'être prudent avec les essences de zestes d'agrumes (surtout citron) et les huiles essentielles d'eucalyptus radié, lemongrass, litsea, marjolaine à coquilles, romarin. Il est préférable, pour la préparation de cosmétiques destinés aux soins du visage, de limiter leur dilution à 1 % maximum. Ne jamais les employer pures.

▶ Les essences de zestes d'agrumes (surtout mandarine et bergamote, et citron, orange, pamplemousse), et les huiles essentielles d'achillée millefeuille, carotte et sauge sclarée sont **photo-sensibilisantes.** Ne pas s'exposer pas au soleil dans les 24 heures qui suivent leur application. Éviter de les employer sur le visage en période ensoleillée.

▶ Pour éviter tout risque d'allergie, faire un test de tolérance cutanée (voir p. 100) lorsque l'on emploie une nouvelle huile essentielle. Les huiles essentielles les plus susceptibles de provoquer des allergies sont les suivantes : camomille (les 2), citron, lemongrass, mandarine, orange (les 2), pamplemousse, romarin.

▶ Éviter d'appliquer des produits à base d'huiles essentielles sur les muqueuses.

FEMMES ENCEINTES OU ALLAITANT

▶ En règle générale, l'emploi des huiles essentielles est déconseillé au cours de la grossesse.

▶ Certaines huiles essentielles de la sélection sont même formellement contre-indiquées : achillée millefeuille, cèdre de l'Atlas, cyprès (les 2), lavande aspic, laurier noble, marjolaine à coquilles, menthe douce, myrrhe, romarin, sauge sclarée, thym.

▶ Après le troisième mois de grossesse, on pourra à la rigueur employer des formulations à moins de 3 % d'huiles essentielles, choisies parmi les plus douces : bois de santal alba, camomille (les 2), géranium (les 2), lavande fine, mandarine, néroli, encens oliban, orange, palmarosa, petit-grain.

▶ Il est préférable d'éviter l'emploi des huiles essentielles en période d'allaitement

NOURRISSONS ET JEUNES ENFANTS

▶ Il faut tenir les huiles essentielles hors de la portée des enfants car elles peuvent se révéler irritantes voire toxiques.

▶ L'emploi des huiles essentielles est déconseillé chez les nourrissons et chez les jeunes enfants (moins de 5 ans). Entre 3 et 5 ans, on peut employer à faible concentration (moins de 2 %) les huiles essentielles de benjoin, camomille (les 2), lavande fine, mandarine, néroli, orange, rose, myrte.

EMPLOI THÉRAPEUTIQUE

▶ Ne pas utiliser les huiles essentielles à des fins thérapeutiques sans l'avis d'un professionnel. Ne pas utiliser les huiles essentielles de la sélection en diffusion sans l'avis d'un spécialiste ou sans lire la notice.

ASSOCIATION AVEC L'HOMÉOPATHIE

▶ Certaines huiles essentielles sont incompatibles avec l'homéopathie (eucalyptus radié, menthe douce…). En cas de doute, il vaudra mieux suspendre l'usage des huiles essentielles pendant un tel traitement.

Préférez les produits certifiés et labellisés.

Achetez avec discernement

▶ Ne confondez pas les véritables huiles essentielles avec certains produits de composition douteuse, même s'ils portent la mention « naturel », arôme, extrait aromatique, extrait ou concentré d'arôme, raviveur de pot-pourri, essence parfumée…

▶ Procurez-vous de préférence les huiles essentielles dans des magasins spécialisés mais également auprès de producteurs qui en connaissent les propriétés et sauront vous conseiller au mieux selon vos besoins.

▶ Vérifiez l'étiquetage. La mention HEBBD garantit simplement que l'étiquetage précise : le nom latin (botanique) et français, la partie de la plante utilisée, le chémotype, le cas échéant.

▶ Méfiez-vous des « bonnes affaires »…

Attention aux confusions

VRAIES AMIES	FAUSSES AMIES
AGRUMES	
▶ Petit-grain (*Citrus sp.*) : extrait par distillation des feuilles et des rameaux (surtout bigaradier *C. aurantium bigaradia*). ▶ Essences d'agrumes : extraites par pression des zestes (citron, mandarine, orange douce, orange amère, pamplemousse). ▶ Néroli (*Citrus aurantium*) : extrait par distillation des fleurs d'oranger.	▶ Essence de bergamote (*Citrus bergamia*) : elle contient des furocoumarines qui sont photosensibilisantes. On doit donc l'employer avec précaution. On trouve de l'essence sans furocoumarines (FCF), mais par précaution, nous avons préféré ne pas retenir la bergamote.
BOIS DE SANTAL	
▶ Bois de santal alba (*Santalum album*).	▶ Santal amyris (*Amyris balsamifera*) : parfumé, mais dépourvu de propriétés cosmétiques intéressantes.
EUCALYPTUS	
▶ Eucalyptus radié (*Eucalyptus radiata*).	▶ *Eucalyptus globulus* : non adapté aux soins cosmétiques, irritant et allergisant.
LAVANDES ET LAVANDIN	
▶ Lavande fine (*Lavandula angustifolia*). ▶ Lavande aspic (*Lavandula latifolia*). ▶ Lavandin (*Lavandula angustifolia* x *latifolia*) : hybride naturel des deux précédentes, très productif en huile essentielle.	▶ Lavande papillon (*Lavandula stoechas*) : huile essentielle camphrée, elle peut s'avérer toxique.
MARJOLAINES ET ORIGAN	
▶ Marjolaine à coquilles (*Majorana hortensis* ou *Origanum majorana*).	▶ Marjolaine sylvestre (*Thymus mastichina*) et origan (*Origanum compactum*, *Coridothymus capitatus*, *Origanum vulgare*) : ces deux huiles essentielles sont irritantes. Ne pas les employer sur la peau.

PLANTES CITRONNÉES (LITSEA, CITRONNELLE, MELISSE, VERVEINES)

▶ Lemongrass (*Cymbopogon citratus*) : parfois appelé « verveine des Indes », «verveine de Ceylan» ou «citronnelle de Madagascar».

▶ Litsea (*Litsea citrata*) : parfois appelée abusivement « verveine exotique ».

▶ Verveine officinale (*Verbena officinalis*) : plante vivace dépourvue de parfum (ne donne pas d'huile essentielle).

▶ Verveine citronnelle (*Lippia citriodora*) et mélisse (*Melissa officinalis*) : propriétés cosmétiques intéressantes, mais huiles essentielles très chères, parfois falsifiées.

▶ Citronnelle de Ceylan (*Cymbopogon nardus*) et citronnelle de Java (*Cymbopogon winterianus Jowitt*) : très employées pour leurs propriétés antimoustiques.

RAVENSARE ET RAVINSARA

▶ Ravensare aromatique (*Ravensara aromatica*).

▶ Ravintsara, camphrier de Madagascar (*Cinnamomum camphora*) : peu d'intérêt en cosmétique.

SAUGES

▶ Sauge sclarée (*Salvia sclarea*).

▶ Sauge officinale (*Salvia officinalis*) : interdite en cours de grossesse. Sa vente en France est strictement réglementée. **Elle n'est disponible qu'en pharmacie et ne doit être employée que sous contrôle médical.**

TEA-TREE ET CAJEPUT

▶ Tea-tree, arbre à thé, mélaleuque à feuilles alternes (*Melaleuca alternifolia*). Parfois appelé mélaleuca, ce qui crée une confusion avec le cajeput.

▶ Mélaleuque blanc ou cajeput (*Melaleuca leucadendron*), non adaptée aux soins cosmétiques.

THYMS

▶ Il existe 5 chémotypes d'huile essentielle de thym (*Thymus vulgaris*) : linalol, bornéol, géraniol, thymol et thujanol. Les chémotypes recommandés pour les soins de la peau sont le thym à linalol et le thym à géraniol.

▶ Proscrire le thym à thymol, très irritant, contre-indiqué en application cutanée.

⋯⟩ Guide d'achat

Les huiles essentielles sont commercialisées dans les pharmacies, parapharmacies, herboristeries, magasins de produits naturels et par correspondance. On peut également se les procurer directement chez certains producteurs.

On privilégiera bien sûr les huiles essentielles labellisées bio, de plus en plus nombreuses. Cependant, il faut savoir que certaines huiles essentielles ou essences ne peuvent accéder à ce label malgré leur qualité car elles sont issues de la flore sauvage ou semi-sauvage (cèdre, cyprès…).

Leur prix varie en fonction de la rareté de la plante, mais surtout en fonction du rendement de l'extraction. La plupart d'entre elles demeurent toutefois très abordables, d'autant plus qu'on n'en utilise que de très petites quantités et qu'elles se conservent bien.

Vous avez pu dans ce chapitre aborder le monde à la fois complexe et si riche des huiles essentielles. Vous comprenez mieux comment elles peuvent agir sur votre peau et vos cheveux, comment elles se complètent, et vous avez conscience que mieux vous les choisirez et plus vos soins de beauté seront efficaces. Mais vous vous sentez un peu perdu(e) devant tant de choix. Le temps de découvrir encore quelques actifs et vous aurez tous les atouts en main pour concocter le meilleur des soins de beauté : le vôtre !

D'autres actifs indispensables

Les hydrolats et les eaux florales

L'eau d'évaporation recueillie lors de l'extraction de l'huile essentielle en alambic constitue l'hydrolat. Il était tout à fait possible de classer les hydrolats parmi les bases. Toutefois, nous avons préféré les retenir parmi les actifs car ils contiennent des substances actives provenant de la distillation des plantes et ont donc des propriétés spécifiques généralement proches de celles des huiles essentielles correspondantes. Les hydrolats sont pour la plupart discrètement mais agréablement parfumés. Ils sont très doux et sans alcool et l'on peut les utiliser comme eau de toilette, notamment pour les jeunes enfants. En raison de leur pureté, ils peuvent remplacer l'eau dans de nombreuses préparations cosmétiques. Employés seuls, ils sont très utiles en lotions pour le visage.

> Un véritable hydrolat est pur à 100 %. Il ne doit contenir aucun additif (conservateur, arôme...).

⋯⟩ Guide d'achat

On trouve dans le commerce un choix assez vaste d'hydrolats, parfois en mélanges (magasins de produits naturels, pharmacies, parapharmacies). Attention aux eaux florales vendues en grande distribution, au rayon pâtisserie notamment (eau de rose, eau de fleur d'oranger), souvent de qualité douteuse (on peut y trouver des arômes et des additifs). L'étiquette ne doit indiquer qu'un unique ingrédient (nom latin de la plante d'origine). De même, pour les eaux florales composées, ne doivent figurer sur l'étiquette que les noms latins des plantes employées.

Les étranges fleurs de l'hamamélis.

···} Propriétés et usages des hydrolats sélectionnés

ACHILLÉE
Calmant, rafraîchissant, nettoyant (idéal en lotion visage), astringent, cicatrisant et calmant. Convient à toutes les peaux, notamment les peaux grasses et acnéiques.

BLEUET*
Calmant, adoucissant et rafraîchissant. Soulage les yeux fatigués, irrités, rougis. Convient à toutes les peaux.

CALENDULA (SOUCI DES JARDINS)
Adoucissant et calmant. Convient particulièrement aux peaux grasses, atones ou acnéiques.

CAMOMILLE (ROMAINE OU ALLEMANDE)*
Adoucissant et calmant. Soulage les yeux fatigués, irrités, rougis. Convient particulièrement aux peaux sèches, sensibles et irritées.

CÈDRE
Très astringent, antiséborrhéique. Convient particulièrement aux peaux grasses, acnéiques.

FLEUR D'ORANGER*
Hydratant, rafraîchissant, astringent, adoucissant et calmant. Préviendrait l'apparition des taches brunes. Convient à toutes les peaux, notamment les peaux acnéiques.

GÉRANIUM ROSAT*
Délicieusement parfumé, adoucissant et stimulant. Convient à toutes les peaux, notamment aux peaux ternes et fatiguées.

HAMAMÉLIS*
À la fois calmant et stimulant, antibactérien, régulateur, astringent, décongestionnant et protecteur vasculaire. Convient particulièrement

* Hydrolats les plus faciles à trouver dans le commerce.

aux peaux mixtes et grasses, mais également aux peaux sensibles, couperosées, atones.

IMMORTELLE (HÉLICHRYSE)
Cicatrisant, calmant, régénérateur et antiradicalaire. Adapté aux peaux matures, atones.

LAVANDE*
Polyvalent, tonifiant, cicatrisant, calmant (rougeurs, brûlures, irritations), purifiant. Convient aux peaux normales et grasses. Idéal comme soin après-rasage pour les hommes ou comme eau de toilette pour les jeunes enfants.

LAURIER NOBLE
Astringent et stimulant. Adapté aux peaux acnéiques.

MÉLISSE
Adoucissant et apaisant. Pour tous les types de peaux, notamment les peaux sèches, atones, sensibles.

MENTHE
Purifiant, rafraîchissant, stimulant et tonifiant. Convient particulièrement aux peaux grasses.

ROMARIN*
Régulateur, rééquilibrant, stimulant, rafraîchissant, régénérant, assainissant. Convient particulièrement aux peaux grasses, acnéiques, mais aussi aux peaux atones. Excellent en lotion capillaire pour les cheveux gras.

ROSE*
Polyvalent, cet hydrolat est rafraîchissant, hydratant, apaisant, tonifiant, purifiant, légèrement astringent, raffermissant et antirides. Il convient à toutes les peaux, dont les peaux grasses, les peaux sensibles ou couperosées et les peaux sèches, fatiguées, matures, atones.

SAUGE OFFICINALE

Adoucissant, équilibrant et régénérant. Convient particulièrement aux peaux atones, matures, fatiguées.

SAUGE SCLARÉE

Antiseptique, astringent, purifiant, rééquilibrant, stimulant et antioxydant. Convient particulièrement aux peaux sujettes aux imperfections (acné, boutons), mais aussi aux peaux matures.

TEA-TREE

Antiseptique et cicatrisant, il est idéal pour les peaux acnéiques

THYM

Hydratant, adoucissant, purifiant et séborégulateur. Convient particulièrement aux peaux mixtes.

TILLEUL*

Adoucissant, calmant, nettoyant, éclaircissant. Réputé pour unifier et réveiller le teint. Convient à tous les types de peau notamment les peaux sensibles.

Une sauge officinale panachée de crème.

Les plantes aromatiques et les fleurs

Les plantes de nos jardins (ci-dessus, Jardin de l'Albarède), qui nous
sont si familières, recèlent bien souvent de véritables trésors de beauté :
camomille, lavande, lis, persil, romarin, rose, rose trémière, rudbeckia,
souci, thym, tilleul... La cosmétique représente ainsi un moyen inat-
tendu pour valoriser et conserver les richesses contenues dans les plantes du jardin et épargner ce faisant des espèces sauvages ou lointaines,
dont l'exploitation peut mettre en danger la nature. Et quel plaisir, en
plein hiver, de se masser le corps d'une huile parfumée des roses ou
des lavandes que l'on a vues s'épanouir au soleil de l'été.

Les propriétés des plantes sont généralement assez proches de celles
des huiles essentielles qui en sont extraites. Pour que ces propriétés
demeurent intactes, il est idéal de les employer fraîches, en saison,
mais on peut toutefois les conserver et les utiliser sèches pendant
quelques mois.

On peut aussi trouver des plantes séchées de bonne qualité, souvent issues de l'agriculture biologique, dans les magasins diététiques, les herboristeries et les pharmacies.

Il conviendra de toujours vérifier soigneusement l'espèce botanique, le nom commun étant parfois insuffisant pour identifier clairement la plante, notamment pour la camomille, la verveine et le henné (voir p. 82, 72 et 83).

⋯⟩ Les plantes les plus utiles aux soins cosmétiques

Ici sont détaillés les propriétés et les usages de chacune d'elles et à ce titre nous signalons parfois les emplois de la plante seule. Mais elles peuvent aussi entrer dans toutes sortes de recettes de soins dont vous trouverez quelques exemples plus loin.

Beaucoup des plantes mentionnées donnent d'excellentes tisanes, mais cela ne fait pas l'objet de notre ouvrage ! On peut toutefois citer les bienfaits du thé (antioxydant, dépuratif, drainant, réputé amincissant) et de la bardane (dépurative, recommandée en cure pour les peaux acnéiques).

Infusion, décoction et lotion

Infusion
Laisser macérer la plante 5 à 10 minutes dans l'eau bouillante hors du feu.

Décoction
Faire bouillir la plante de 5 à 10 minutes en laissant l'eau sur le feu.

Lotion
Toute infusion ou décoction destinée à un usage cosmétique (visage, cheveux).

BARDANE OU GRATERON (*Arctium lappa*/racine, feuilles).

Visage : la bardane est antimicrobienne. La décoction de racines jeunes (en herboristerie) est idéale en lotion, masque, fumigation pour les peaux grasses, jeunes, acnéiques.

Cheveux : elle est protectrice et stimulante du cheveu. L'infusion de feuilles et/ou de racines convient en eau de rinçage pour les cheveux rêches et en friction du cuir chevelu pour prévenir la chute des cheveux.

✳ À éviter si l'on se sait allergique aux Astéracées (Composées).

BOIS DE PANAMA (*Quillaya saponaria*/écorce).

Cheveux : le bois de Panama contient des saponines qui lui confèrent son pouvoir détergent doux et émulsifiant. Il exerce aussi des effets protecteurs capillaires et antiséborrhéiques. Il convient en shampooing et lotion capillaire (décoction) pour cheveux gras.

✳ Le bois de Panama est en vente dans certaines pharmacies et en herboristerie, généralement sous forme de copeaux.

CALENDULA, SOUCI DES JARDINS (*Calendula officinalis*/fleurs).

Visage : le calendula renferme des substances très douces (mucilages, pectines) et un latex aux propriétés hydratantes. Adoucissant, antiseptique, calmant, cicatrisant, il peut être utilisé sous forme de lotion ou de macérat huileux pour toutes peaux (notamment fragiles, irritées).

Bain : adoucissant, calmant en bain.

✳ À éviter si l'on se sait allergique aux Astéracées (Composées).

CAMOMILLE ROMAINE (*Chamæmelum nobile*/fleurs) et **CAMOMILLE ALLEMANDE** (*Matricaria chamomilla*/fleurs).

Visage : les deux plantes sont adoucissantes, calmantes, apaisantes. Elles conviennent en lotion, fumigation, macérat huileux pour toutes les peaux (notamment peaux irritées).

Cheveux : la décoction de camomille allemande est utilisée en rinçage capillaire éclaircissant pour les cheveux blonds.

Bain : adoucissantes, calmantes.

✳ À éviter si l'on se sait allergique aux Astéracées (Composées).

Comment reconnaître les camomilles ?

Pour les jardiniers, aucune erreur possible : la camomille romaine est vivace alors que la camomille allemande est une annuelle, qui doit être replantée ou resemée chaque année. En revanche, si l'on s'en procure dans le commerce, il n'est pas rare que les conditionnements ne précisent pas la nature botanique précise de la camomille (allemande ou romaine). Toutefois, le simple examen des fleurs séchées permet de les identifier aisément.

Camomille allemande (matricaire) : petite « marguerite » au cœur jaune orangé, bombé en forme de cône. Capitules simples (un rang de pétales).

Camomille romaine : en herboristerie, on emploie la variété double, portant plusieurs rangs de pétales qui forment un pompon blanc écru.

GUIMAUVE (*Althea officinalis*/feuilles, racines).

Visage : la guimauve est émolliente, cicatrisante, adoucissante, calmante. Elle peut être employée en lotion ou fumigation pour toutes les peaux, particulièrement pour les peaux sensibles.

Bain : adoucissante.

HAMAMÉLIS, NOISETIER DES SORCIÈRES (*Hamamelis virginiana*, feuilles, écorce des tiges, rameaux).

Visage : l'hamamélis est protecteur vasculaire, antioxydant, adoucissant, calmant, émollient, rafraîchissant, astringent, raffermissant, séborégulateur. Il convient en lotion, et fumigation pour toutes les peaux (notamment irritées, malades). Il est parfait en lotion après-rasage.

✖ Attention, malgré sa grande douceur l'hamamélis peut parfois provoquer des allergies.

HENNÉ NEUTRE (*Cassia obovata*/feuilles en poudre).
Cheveux: il protège, embellit et donne du volume aux cheveux (déconseillé toutefois aux cheveux très secs). Il est principalement employé en masque capillaire. Attention à ne pas confondre les différents hennés.

Vrai ou faux henné ?

Nom commun	Nom botanique	Emploi
Henné naturel ou vrai henné	*Lawsonia inermis*	Coloration des cheveux en acajou, tatouages
Henné noir ou indigotier	*Indigofera tinctoria*	Coloration des cheveux en noir
Henné neutre	*Cassia obovata*	Masques capillaires

HIBISCUS, KARKADÉ, BISSAP (*Hibiscus sabdariffa*/fleurs).
Visage: il a des propriétés tonifiantes, désinfiltrantes, acidifiantes, antioxydantes. Il convient en lotion tonique ou fumigation pour les peaux grasses ou dévitalisées.
Bain: en plus de tonifier la peau, il colore en rose l'eau du bain.

LAVANDE (*Lavandula officinalis*/sommités fleuries).
Une des plantes les plus utiles pour la beauté, la santé et le bien-être.
Visage: stimulante, tonique, apaisante, calmante, antiseptique et purifiante, elle est adaptée à la préparation de lotions, huiles visage, fumigations pour toutes les peaux, particulièrement les peaux grasses.
Cheveux: lotion de rinçage parfumée, surtout pour les cheveux gras.
Corps: huiles corporelles parfumées (macérat huileux).
Bain: aromatique, à la fois tonifiante et relaxante.

LIERRE GRIMPANT (*Hedera helix*/feuilles).
Cheveux: propriétés lavantes (contient des saponines) et colorantes, on emploie la décoction en lotion de rinçage ou en shampooing.
Corps: réputé efficace contre la cellulite (veinotonique), on l'utilise en cataplasmes ou en massages corporels.
Bain: amincissant, protecteur vasculaire, anticellulite (décoction).

LIS BLANC, LIS DE LA MADONE (*Lilium candidum*/pétales, oignons).
Visage : cicatrisant, apaisant, émollient, adoucissant. Il est tradition-
nellement réputé unifier le teint et corriger les taches de pigmentation. On l'emploie en lotion (pétales) ou macérat huileux (pétales
et/ou oignon). Il convient particulièrement aux peaux sèches et matures, notamment contre les taches colorées (masque de grossesse, marques du temps).

MAUVE (*Malva sylvestris*/fleurs, feuilles).
Visage : calmante et adoucissante, elle convient en lotion et fumigation pour toutes les peaux, notamment sèches, sensibles et irritées.
Bain : en plus d'être adoucissante, elle colore en mauve bleuté l'eau
du bain.

MENTHE (*Mentha spicata*, feuilles, fleurs).
On choisira si possible *Mentha piperita*, mais les autres espèces culti-
vées ou sauvages conviennent également. Si vous avez le choix, optez
pour celle dont vous préférez l'arôme.
Visage : stimulante, antiseptique et assainissante, elle est adaptée aux
lotions toniques et fumigations pour les peaux grasses, acnéiques.
Cheveux : frictions capillaires pour cheveux gras.
Bain : tonique et aromatique.

PERSIL (*Petroselinum sativum*/feuilles, semences).
Visage : très riche en vitamines, notamment A et C, et en facteurs antioxydants, le persil est antirides, antitaches, stimulant. Il tonifie la peau
et réveille le teint. Utile en lotion visage ou en compresses (contour des
yeux), pour toutes les peaux, en particulier les peaux matures. Notons
que le cerfeuil (*Cerefolium sativum*) a des propriétés similaires.
Cheveux : rinçage capillaire tonifiant pour tous types de cheveux.

ROMARIN (*Rosmarinus officinalis*, parties aériennes).
Visage : antiseptique, purifiant et astringent, il convient en lotion visage,
en macérat huileux (huile d'olive ou de noisette) ou en fumigation

pour les peaux grasses et acnéiques. Adapté à la préparation de lotions après-rasage.

Cheveux : la décoction est idéale en rinçage capillaire, notamment pour les cheveux gras et souffrant de pellicules.

Bain : stimulant et assainissant, il se marie bien avec la sauge, la lavande et l'eucalyptus radié.

ROSE (*Rosa sp.*, pétales).

Personnification même de la beauté, sa réputation n'est pas usurpée.

Visage : tonifiante, astringente, calmante, adoucissante et antioxydante (antirides). Elle entre dans la préparation de lotions toniques, crèmes « rosat », macérats huileux pour le visage.

Bain : pour un bain très, très raffiné, parsemer la surface de l'eau de pétales de roses parfumées et rêver de Cléopâtre…

✖ Attention toutefois : n'employer que des roses non traitées, parfumées et si possibles très colorées (rouges, orange foncé, rose foncé) car elles sont plus riches en antioxydants.

SAUGE OFFICINALE (*Salvia officinalis*/feuilles).

La sauge est parfois appelée « l'amie des femmes » car elle atténue les troubles du cycle. Elle est non toxique contrairement à son huile essentielle (voir p. 72).

Des roses très cosmétiques

Quelques variétés sont très adaptées à un usage cosmétique par leur couleur soutenue, leur parfum exceptionnel et leur bonne résistance aux maladies : rosier à parfum de l'Haÿ, rosier de Rescht, Bolchoï, Daniel Gélin, Le Grand Huit, Manou Meilland, Marcel Pagnol, Mrs John Laing, Victor Hugo, Yves Piaget, William Shakespeare 2000, XXL, The Mac Cartney Rose…

Visage : astringente, tonifiante, cicatrisante, décongestionnante, stimulante circulatoire. Elle convient en lotion tonique et en fumigation pour réguler et purifier les peaux jeunes, grasses et acnéiques.

Cheveux : idéale en rinçage pour les cheveux gras.

THÉ VERT, THÉ NOIR (*Camellia sinensis*/feuilles).

Visage : astringent, antioxydant, stimulant, antibactérien, calmant, il convient en lotion tonique et compresses pour les peaux atones et matures, mais également pour les peaux grasses. Les compresses (sachets) placées sous les yeux, sont censées estomper les signes de fatigue.

Cheveux : les infusions fortes ou les décoctions de thés très colorés donnent des reflets cuivrés aux cheveux bruns.

Bain : on peut employer des thés parfumés (environ 3 sachets) pour aromatiser le bain.

Le thé : au singulier et au pluriel ?

Malgré l'incroyable diversité des thés proposés sur le marché, tous proviennent de la même espèce botanique, dont il n'existe que deux variétés : *Camellia sinensis* var. *assamica*, le thé d'Assam et *Camellia sinensis* var. *sinense*, le thé de Chine. Les différentes couleurs du thé (vert, ambré, noir…) résultent du processus de maturation et de fermentation.

Le thé vert est astringent. Il est très riche en antioxydants.

Le thé noir a une action légèrement desséchante, antibactérienne, calmante.

Le thé rouge d'Afrique du Sud, ou thé rooibos (*Aspalathus linearis*), a des propriétés toniques et antioxydantes exceptionnelles. Mais du point de vue botanique, ce n'est pas un thé !

Thé rooibos.

THÉ ROOIBOS (*Aspalathus linearis*, feuilles).

Visage : anti-âge, vasotonique, antiallergique, calmant. On peut employer l'infusion en lotion tonique pour les peaux sensibles, matures.

Bain : tonifiant, il colore en rose cuivré l'eau du bain.

Douce mauve.

Plantes sauvages : les acheter ou les cueillir ?

Certaines plantes de la sélection font partie de la flore sauvage et sont rarement cultivées dans nos jardins : bardane, guimauve, mauve, menthe sauvage. Vous pouvez les acheter sèches ou partir à l'aventure les cueillir.

Dans ce cas, prenez garde aux points suivants :
▶ vous connaissez bien la plante et vous savez l'identifier sans le moindre doute ;
▶ vous ne nuisez pas à l'équilibre de la flore locale en ne cueillant pas des plantes protégées ;
▶ la plante ne pousse pas dans un endroit exposé à la pollution.

En ce qui concerne la bardane, sachez qu'il faut récolter la racine au printemps, sur des pousses de 2 ans, avant l'apparition des fleurs.

TILLEUL (*Tilia sp.*/bractées, fleurs).
Visage : calmant, adoucissant, décongestionnant, protecteur cutané, on peut l'employer en lotion et en fumigation pour toutes les peaux, en particulier pour les peaux sensibles.
Bain : idéal pour un bain relaxant, avant de s'endormir.

VERVEINE CITRONNELLE, VERVEINE ODORANTE, VERVEINE À TISANES (*Lippia citriodora*/feuilles, fleurs).
Visage : adoucissante, astringente, émolliente, cicatrisante, elle convient aux peaux sèches et sensibles.
Bain : parfum très agréable, doux et citronné.

Les fruits et les légumes

La nature a rassemblé dans les fruits un incomparable cocktail de substances nutritives, de vitamines et de minéraux, qui sont autant de trésors pour la peau. Les fruits sont aussi une importante source de principes actifs utilisés en cosmétologie. L'emploi de fruits frais permet de bénéficier de ces actifs sans qu'ils aient subi des procédés d'extraction complexes.

Dans cet ouvrage, l'emploi des fruits est principalement réservé à la confection de masques pour le visage et parfois pour les cheveux.

⋯⟩ Les plus utiles aux soins cosmétiques

Les propriétés suivantes sont attribuées à la pulpe et éventuellement au jus des fruits cités. Elles ne concernent pas les autres dérivés de fruits, notamment les beurres ou les huiles extraits de certains pépins ou noyaux de fruits (abricot, kiwi, figue, mangue, pastèque…) ou les extraits divers (extrait de pépin de pamplemousse).

ZOOM *Les fruits sous la loupe*

Quelques-uns des précieux actifs contenus dans les fruits

▶ **Sucres** : énergisants, stimulants cellulaires, hydratants.
Sources principales : tous les fruits.

▶ **Mucilages, pectine** : hydratants, protecteurs, adoucissants.
Sources principales : coings, groseilles, pommes, raisins…

▶ **Acides organiques de fruits (AHA)** : puissants agents exfoliants, ils équilibrent le pH de la peau, stimulent la synthèse du collagène, le renouvellement cellulaire et la microcirculation cutanée et sont doués de propriétés hydratantes.

Ils améliorent l'aspect de la peau, éclaircissent le teint, estompent les taches colorées.
Sources principales : agrumes, fruits rouges, kiwi, pomme, raisin, tomate.

▶ **Polyphénols, tanins et pigments** : par leurs puissantes propriétés antioxydantes et antiradicalaires, ils s'opposent aux processus de vieillissement et aux effets néfastes du stress, de la fatigue et du soleil.
Sources principales : fruits jaunes ou orangés (flavonoïdes, caroténoïdes, beta-carotène et lycopène) ; fruits rouge foncé, violets ou bleus (anthocyanes, OPC).

ABRICOT (*Prunus armeniaca*).
Riche en vitamine A, carotène, sucres, minéraux, il est adoucissant, astringent, revitalisant. Il convient à toutes les peaux.

AMANDE DOUCE (*Prunus dulcis*).
La poudre d'amande du rayon pâtisserie est riche en acides gras, en amidon et en fibres. On l'emploie en gommage doux pour le visage. Macérée dans l'eau, elle donne un lait adoucissant. On peut la remplacer par de la poudre de noix de coco ou de noisette (bio).

ANANAS (*Ananassa sativa*).
Riche en sucres hydratants, il contient également des enzymes (dont la bromélaïne) et des acides de fruits. Exfoliant, il est adapté à toutes les peaux hormis les peaux sensibles.

AVOCAT (*Persea gratissima*).
L'un des rares fruits à chair grasse, il constitue une source d'acides gras, vitamines, minéraux et protéines. Il convient à toutes les peaux, surtout aux peaux sèches, notamment en masque. Sur les cheveux secs, il est nourrissant, réparateur, stimulant.

BANANE (*Musa sapientum*).
Riche en sucres, amidon, vitamines et minéraux, elle est calmante, adoucissante et nourrissante. Adaptée à toutes les peaux, surtout sèches, elle convient également aux masques capillaires.

CAROTTE (*Daucus carota*).
Douce et sucrée, c'est une excellente source de carotène, vitamines, minéraux. Stimulante, détoxifiante, antioxydante, elle a un effet « bonne mine ». Elle convient à toutes les peaux.

CITRON (*Citrus limon*).
Comme tous les agrumes, le citron est riche en vitamine C et acides de fruits. Antiseptique, astringent, désincrustant, antirides, antitaches, il convient à toutes les peaux mais doit être évité en cas de peau

sensible. Il est adapté aux soins des cheveux gras (rinçage) et recommandé pour les soins des mains, car il les nettoie tout en contribuant à estomper les taches colorées.

COING (*Cydonia vulgaris*).
Source de mucilages, il est également riche en vitamines. Astringent, antioxydant (antirides), il convient à toutes les peaux, notamment aux peaux grasses. Il a un effet lustrant sur les cheveux.

CONCOMBRE (*Cucumis sativus*).
Ce légume-fruit est riche en vitamines, acides aminés, minéraux, composés phosphorés et soufrés, enzymes. Il convient à toutes les peaux. Il est purifiant, adoucissant, rafraîchissant, astringent et éclaircissant.

FIGUE (*Ficus carica*).
Riche en vitamines, minéraux, sucres, antioxydants, la figue est calmante, antioxydante, protectrice vasculaire. Elle convient à toutes les peaux. Sa chair finement granuleuse convient au gommage corporel.

FRAISE (*Fragaria sp.*).
Comme tous les fruits rouges, la fraise est une source de vitamines, de sucres, antioxydants. Connue pour ses propriétés stimulantes, tonifiantes, anti-âge, antirides, antitaches, elle est adaptée à toutes les peaux, en particulier aux peaux grasses et aux peaux matures.

FRUITS ROUGES (myrtille, groseille, cassis, cerise, mûre…)
Ils sont stimulants, tonifiants, purifiants. Plus ils sont colorés, plus ils apportent d'antioxydants. Mais attention aux taches !

KIWI (*Actinidia chinensis*).
Excellente source de vitamine C, mais également de sucres, d'acides de fruits, d'enzymes. Pour ses propriétés exfoliantes, anti-âge, protectrices, il convient à toutes les peaux mais doit être évité sur les peaux très sèches ou sensibles.

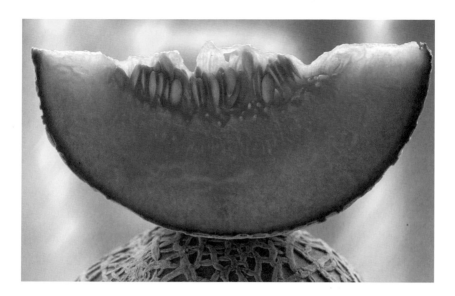

MANGUE (*Mangifera indica*).
Riche en sucres, vitamines, antioxydants, la pulpe de mangue est adoucissante, hydratante et nourrissante. Elle peut s'employer sur toutes les peaux.

MELON (*Cucumis melo*).
Riche en sucres, vitamines et minéraux, le melon est adoucissant, hydratant et nourrissant. On peut l'employer sur toutes les peaux, notamment sensibles et matures.

PAPAYE (*Carica papaya*).
Elle contient des vitamines, des antioxydants, mais aussi une enzyme, la papaïne. C'est un excellent exfoliant, mais qui doit être évité sur les peaux sensibles.

ORANGE (*Citrus aurantium*).
Source de vitamines et d'antioxydants, ses propriétés sont proches de celles du citron mais, étant plus douce, elle convient à toutes les peaux, même sensibles.

PAMPLEMOUSSE, POMELO (*Citrus grandis/paradisi*).
Comme le citron et l'orange, il est antiseptique et astringent. Il est surtout recommandé aux peaux jeunes et aux peaux grasses.

PASTÈQUE (*Citrullus vulgaris*).
Très riche en eau et en sucres, elle est hydratante et rafraîchissante. Elle peut remplacer le concombre, sur toutes les peaux.

PÊCHE (*Prunus persica*).
Riche en sucres, vitamines, minéraux, elle est adoucissante, stimulante, astringente et convient à toutes les peaux.

POMME (*Malus sp.*).
Source de pectine, de vitamines, de minéraux et d'acide malique, la pomme est adoucissante, calmante, exfoliante, raffermissante et astringente. Elle est adaptée à toutes les peaux, les variétés les plus âpres et acides convenant particulièrement aux peaux grasses et les variétés douces et farineuses aux peaux sèches.

POMME DE TERRE (*Solanum tuberosum*).
Riche en amidon, sa chair est adoucissante et calmante.

RAISIN (*Vitis vinifera*).
Très sucré, le raisin est une excellente source d'acides de fruits, de vitamines et d'antioxydants (raisin noir). Tonifiant, hydratant, éclaircissant, anti-âge, il peut s'employer sur toutes les peaux, notamment sur les peaux matures.

TOMATE (*Lycopersicon esculentum*).
Source de vitamines, d'antioxydants, de minéraux, la tomate est purifiante, désinfectante, éclaircissante, stimulante. Particulièrement adaptée aux peaux grasses, elle doit être évitée en cas de peau sensible.

Le miel et les autres cadeaux des abeilles

Le miel a un pH proche de celui de la peau (4 à 6). Il est surtout très riche en sucres, mais contient également des acides aminés, des protéines, des enzymes, des sels minéraux, des pigments, des vitamines, des facteurs antibactériens, des enzymes…

Grâce à sa richesse en sucres, le miel est hydratant et émollient. Il adoucit, tonifie et nourrit les cellules cutanées et favorise leur multiplication. Enfin, les miels les plus colorés apportent des substances antioxydantes qui participent au maintien de la jeunesse de la peau. Le miel est recommandé aux peaux sèches et fatiguées, mais aussi aux peaux acnéiques, en raison de ses propriétés antiseptiques et cicatrisantes. De plus, il hydrate, protège et nourrit les cheveux, qu'il rend souples et brillants.

⋯⁚ Guide d'achat

Il est très facile de se procurer d'excellents miels de production artisanale, notamment auprès des apiculteurs. Vérifiez qu'il s'agit bien d'un miel non chauffé, non pasteurisé et extrait à froid. Il convient en revanche de rester très vigilant vis-à-vis des miels de grande distribution, dont certains sont falsifiés par la présence de sirop de glucose et dont l'origine botanique et géographique est souvent mal précisée.

On trouve sur le marché différentes variétés de miels (acacia, lavande, romarin…) dont les propriétés peuvent différer quelque peu. Il est préférable de choisir des miels « liquides », qui sont plus faciles à mélanger et confèrent aux préparations une texture plus fluide que les miels « crémeux ». Si le miel est cristallisé, il suffit de le faire fondre au bain-marie quelques minutes.

Le pollen est commercialisé avec le miel, il est d'un prix très abordable. On trouve généralement la propolis et la gelée royale chez les apiculteurs et dans les magasins de produits naturels. Leur prix est élevé, mais elles sont efficaces à faible concentration (0,5 à 1 %).

ZOOM *Les autres produits de la ruche*

▶ **La propolis** est une substance cireuse destinée à défendre l'entrée de la ruche. Elle contient notamment des acides aromatiques, des antioxydants, de nombreux oligoéléments ainsi que des acides aminés, des vitamines (A, E, P) et des sucres. Surtout connue pour ses propriétés puissamment antimicrobiennes, elle stimule les processus de cicatrisation et exerce des propriétés calmantes. Elle convient particulièrement aux peaux acnéiques.

▶ **La gelée royale**, aliment réservé à la reine, est riche en acides aminés, acides gras et vitamines (meilleure source naturelle de vitamine B5). Outre son action antiseptique, elle aurait des propriétés régulatrices sur la séborrhée et l'acné. Elle est stimulante et revitalisante cellulaire. Elle contribue à rajeunir les traits, redonner de l'éclat à la peau et réduire les taches de pigmentation liées à l'âge. En raison de la présence de vitamine B5, elle favoriserait la pousse des cheveux et des ongles.

▶ **Le pollen**, récolté sur les fleurs, se présente généralement sous forme de pelotes qu'il faut réduire en poudre. Riche en substances nutritives, il contient également des vitamines, des enzymes, des antioxydants, des substances antibiotiques. Il exerce des propriétés calmantes, décongestionnantes, nutritives et stimulantes cutanées. Il est recommandé en cas de fragilité de la peau et des ongles, de chute des cheveux. Il convient particulièrement aux peaux sèches, matures, fatiguées.

▶ La cire d'abeille constitue la paroi des alvéoles de la ruche. En cosmétique, c'est surtout un agent de texture, car elle épaissit et stabilise les émulsions, les baumes et les crèmes, formant des préparations douces et onctueuses. Ses propriétés filmogènes contribuent à son action protectrice et antidéshydratante. Elle est aussi connue pour ses effets antimicrobiens et assainissants. La cire jaune contenant 5 à 10 % d'impuretés, on emploie plutôt la cire blanche extra-pure, obtenue par filtration.

IMPORTANT : malgré les risques bien connus d'allergie au pollen dispersé dans l'air, celui-ci ne semble pas favoriser les réactions allergiques lors d'application cutanée. Toutefois, si l'on se sait allergique, il est préférable de ne pas l'employer sans avoir testé au préalable sa tolérance (voir test de tolérance cutanée p. 100) et d'éviter le contact avec les yeux.

Notons que la propolis se présente généralement sous forme de tablettes, mais on trouve des extraits hydroalcooliques très riches en propolis (concentrés en moyenne à 15 ou 20 %) plus faciles d'emploi. C'est de cette présentation dont on parlera dans les recettes.
La cire d'abeille blanche est vendue en pharmacie sous forme de granulés.

> Astuce : il est toujours possible d'enrichir un produit en y ajoutant une pincée de pollen en poudre ou quelques gouttes de gelée royale ou d'extrait de propolis. On peut aussi remplacer, dans les recettes, le miel standard par un miel à la propolis ou à la gelée royale.

Les compléments alimentaires et les produits divers

Certains compléments alimentaires présentés en capsules ou en gélules peuvent être employés pour enrichir les préparations (incorporer le contenu de 1 à 2 gélules dans un masque, par exemple). On les trouve dans les rayons diététiques, en pharmacie, parapharmacie ou dans les magasins spécialisés.
Il conviendra de vérifier l'absence de conservateurs (hormis acide ascorbique et tocophérol) ou d'autres additifs. Parmi les plus utiles on citera :
La levure de bière inactivée (*Saccharomyces cerevisiæ*) : elle se présente sous forme de comprimés, de gélules ou de paillettes (forme la plus pratique pour les préparations cosmétiques).
La levure de bière « revivifiable » : en plus de ses propriétés nutritives, elle équilibre la flore bactérienne cutanée. On peut la remplacer par la levure de boulanger (de même nature) mais surtout pas par la levure chimique.
Le germe de blé en paillettes : source de vitamines E, B1, B2, minéraux et oligoéléments.
Les capsules d'huiles riches : onagre, bourrache, germe de blé…

Les capsules de vitamine E (huile enrichie en vitamine E) : ne pas utiliser les formes pharmaceutiques de vitamine E, en raison de la présence d'excipients non adaptés à l'application cutanée.

Enfin, au cours de l'ouvrage, on pourra parfois rencontrer dans les recettes, outre divers produits culinaires, quelques ingrédients additionnels importants :

Glycérine : Agent hydratant dont l'efficacité sur les cellules est scientifiquement démontrée, la glycérine améliore l'aspect de la peau, qu'elle rend souple et lisse. Elle est non comédogène et très peu allergisante. Son emploi est facile et elle peut être incorporée dans tous les soins du corps et du visage. Elle peut être appliquée pure sur les lèvres gercées.

On la trouve très facilement en pharmacie et parapharmacie. On choisira de préférence la qualité codex. La glycérine garantie « végétale » peut se trouver, plus difficilement, dans les magasins spécialisés (voir carnet d'adresses) et certaines parapharmacies ou en pharmacie (demander de la glycérine végétale Pharmacopée européenne).

Acide ascorbique (vitamine C) : puissant antioxydant, qui peut être employé comme conservateur, mais également comme actif (anti-âge, régénérant, exfoliant, antitaches). La concentration efficace va de 0,5 à 3 % (au-delà, il peut s'avérer irritant). On peut se le procurer aisément en pharmacie, le plus souvent vendu au poids.

Extrait de pépins de pamplemousse : très puissant antimicrobien puisqu'on le décrit comme un antibiotique naturel, il peut être employé dans les soins des peaux acnéiques ou comme conservateur (mêmes proportions et mêmes précautions que les huiles essentielles).

Pierre d'alun : déodorant naturel (voir encadré p. 156.)

Poudre d'iris ou de lycopode : pour les shampooings à sec.

Préparez
vos cosmétiques

La longue promenade dans le monde magique
des ingrédients naturels est enfin terminée. Elle nous
semblait essentielle, car pour maîtriser parfaitement
la préparation de vos cosmétiques maison, il conviendra
de bien connaître les ingrédients que vous choisirez.
À présent, vous allez pouvoir vous lancer dans la mise
en pratique et fabriquer vos premiers produits.
Mais avant d'aborder les recettes nous vous proposons
quelques conseils pratiques et recommandations
indispensables qui vous permettront d'obtenir
des préparations de grande qualité.

Pour bien débuter en toute sécurité

Les précautions indispensables

Les produits naturels, y compris les produits comestibles, ne sont pas forcément sans danger pour la peau. Le respect d'un certain nombre de précautions est donc nécessaire pour éviter tout risque de réaction indésirable liée aux préparations maison.

⋯⟩ Les bonnes pratiques

▸ Choix rigoureux des ingrédients.
▸ Respect des proportions.
▸ Hygiène de la préparation.
▸ Bonnes conditions de conservation.

⋯⟩ Bien choisir les ingrédients

Il est préférable de se limiter au choix, déjà très vaste, des ingrédients proposés dans cet ouvrage. Autant que possible, acheter des produits biologiques, non traités.

CE QU'IL FAUT ÉLIMINER D'EMBLÉE

▸ Les produits dont l'état de fraîcheur n'est pas certain, en particulier œufs, yaourts, lait, crème…
▸ Les produits auxquels vous vous savez allergique (fruits rouges, œufs, pollen…).
▸ Les produits irritants (moutarde, piments, épices fortes…).
▸ Les plantes mal identifiées (sauvages, séchées non étiquetées…).
▸ Les produits chimiques (borax, ammoniac, eau de Javel…) !

⋯⋗ Le test de tolérance cutanée

Si vous avez la peau particulièrement réactive ou si vous êtes sujet(te) aux allergies, il est recommandé d'effectuer un test de tolérance cutanée avant d'appliquer tout nouveau produit, notamment pour les actifs les plus concentrés (huiles essentielles, extrait de propolis, teinture de benjoin…) mais aussi pour la glycérine, les fruits et certaines plantes.

> ▶ Diluez une goutte du produit à tester dans quelques gouttes d'huile fine.
> ▶ Appliquez sur le poignet ou dans le pli du coude.
> ▶ Patientez quelques heures afin de vérifier l'absence de la réaction.
> ▶ Si vous éprouvez une sensation de brûlure ou une irritation, éliminez le produit immédiatement à l'eau claire ou à l'aide d'une huile fine, et n'utilisez plus ce produit.

⋯⋗ Bien mesurer les ingrédients courants

Il s'agit bien sûr de valeurs moyennes, puisque les cuillers et les bols ne sont pas des instruments de mesure standardisés !

Notons que les cuillerées se mesurent rases, c'est-à-dire que la surface du produit doit se superposer aux bords de la cuiller et ne doit pas bomber.

TABLEAU DES ÉQUIVALENCES
1 goutte = 0,05 ml
20 gouttes = 1 ml
1 cuiller à café = 5 ml
1 cuiller à soupe = 15 ml
1 verre de table = 200 ml = 20 cl
1 tasse (à thé) = 250 ml = 25 cl
1 bol = 300 ml = 30 cl
ml = millilitres
cl = centilitres

Produit à mesurer	Poids correspondant à	
	1 cuiller à café (5 ml)	1 cuiller à soupe (15 ml)
Plantes séchées tassées	Environ 3 g	10 g
Cire d'abeille (en granulés)	Environ 2 g	6 g
Cire d'abeille fondue	4,75 g	14 g
Eau, infusions, hydrolats, jus de fruits	5 g	15 g
Huiles végétales	Environ 4,5 g	13,5 g
Farine	Environ 2,5 g	7,5 g
Miel	Environ 7 g	21 g

ZOOM *Le matériel*

▶ **Pour la préparation** : détourner simplement le matériel de cuisine, bien propre (bol, fouet, casserole, mixeur…)

▶ **Pour le conditionnement** : vive la récup ! Mais attention à bien nettoyer pots et flacons.

▶ **Pour l'étiquetage** : les étiquettes doivent résister à l'ambiance humide des salles d'eau. On peut employer un étiqueteur type Dymo ou des étiquettes en papier protégées d'un film adhésif transparent (type Scotch ou Vénilia). On peut également coller les étiquettes avec du vernis-colle (employé pour la technique de collage

des serviettes et vendu dans les magasins de loisirs créatifs), et appliquer dessus une couche de ce vernis une fois collée.

▶ **Pour les mesures** : on peut se contenter de cuillers, tasses et bols. Toutefois, si l'on souhaite affiner ses préparations il serait bien de se procurer :

• des pots ou flacons gradués (graduations de 1,5 ou 10 ml) : on peut en commander en pharmacie ou en récupérer (doses pour sirops par exemple), à condition de bien les nettoyer. On en trouve également dans les magasins spécialisés (voir carnet d'adresses, p. 189) ;
• un pèse-lettre à plateau (précision de 5 g) : moins de 10 € dans les magasins de matériel de bureau ;
• éventuellement un jeu de cuillers étalonnées (1/4 de cuiller, 1/2 cuiller…) : employées en Angleterre, on peut en trouver dans certains magasins de matériel culinaire. Elles sont bien pratiques !

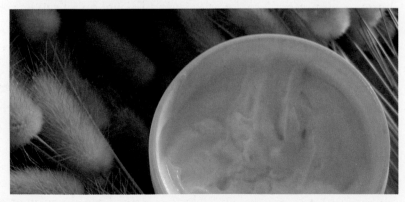

⋯⋗ Bien mesurer les huiles essentielles

Les huiles essentielles sont commercialisées dans des flacons compte-gouttes qui délivrent des volumes calibrés. Il est donc possible de calculer aisément la correspondance entre les concentrations (en pourcentage) et le nombre de gouttes :

Concentration souhaitée	Volume de solvant			
	10 ml	20 ml	50 ml	100 ml
0,5 %	1 goutte	2 gouttes	5 gouttes	10 gouttes
1 %	2 gouttes	4 gouttes	10 gouttes	20 gouttes
2 %	4 gouttes	8 gouttes	20 gouttes	40 gouttes
3 %	6 gouttes	12 gouttes	30 gouttes	60 gouttes
4 %	8 gouttes	16 gouttes	40 gouttes	80 gouttes

Les dilutions conseillées sont les suivantes :
Soins du visage : 1 à 3 %.
Soins du corps : 3 à 4 %.
Soins des cheveux : 3 à 4 %.

⋯⋗ Respecter une bonne hygiène

▷ Pour les formulations préparées juste avant l'emploi (extemporanées), le matériel devra être rigoureusement propre.

▷ Pour les préparations à conserver, il faudra veiller à une hygiène parfaite, en passant les ustensiles lavés à l'alcool ou à l'eau javellisée, puis en les rinçant à l'eau bouillante.

▷ On évitera les cuillers en bois, et bien sûr les éponges douteuses et les torchons sales, véritables pièges à microbes…

▷ On travaillera avec toujours les mains et les ongles bien propres. Le modèle de référence en matière d'hygiène est celui qu'on applique aux biberons des nourrissons.

QUELLE EAU UTILISER ?

Employée en tant que base des lotions, l'eau doit être pure et douce (non calcaire). On recommande donc d'éviter l'eau du robinet et d'utiliser plutôt de l'eau fraîchement filtrée (grâce aux carafes filtrantes du commerce), de l'eau de source ou de l'eau minérale légère, en ayant soin d'ouvrir la bouteille juste avant l'emploi.

⋯⊰ Bien conserver ses produits

Les produits maison sont réalisés avec des composants naturels et ne contiennent donc pas d'agents de conservation chimiques. Les quelques règles suivantes vous aideront à les conserver dans les meilleures conditions.

Par ailleurs, les conservateurs naturels (antioxydants, antimicrobiens) améliorent nettement leur conservation.

> **Astuce : quand vous étiquetez vos préparations, outre la composition, n'oubliez pas d'indiquer la date de fabrication. Cela vous évitera de les laisser traîner des années…**

AIR, LUMIÈRE

En règle générale, nous conseillons de conserver les produits maison à l'abri de l'air et de la lumière ou dans des flacons en verre teinté, bien fermés (sauf les sels et les produits lavants qui ne nécessitent pas autant de précautions).

TEMPÉRATURE DE CONSERVATION

▶ Les préparations à base de produits laitiers, d'œufs, de plantes et fruits frais, doivent être utilisées dès leur préparation ou conservées 2 à 3 jours maximum au réfrigérateur.

▶ Les lotions obtenues par infusion ou décoction de plantes se conservent de préférence au réfrigérateur (1 semaine), mais jamais plus de 1 jour ou 2 à température ambiante.

▶ Les baumes, crèmes, cérats, riches en huiles, peuvent être gardés 1 à 2 mois à température ambiante, sauf en cas de chaleur excessive. Les «laits», plus riches en eau, se conservent 1 mois maximum.

▶ Les huiles et les huiles essentielles se conservent plusieurs mois voire plusieurs années à l'abri de la lumière et de la chaleur excessive. Vous pouvez conserver vos bouteilles d'huiles de base au réfrigérateur entre deux utilisations, cela préservera d'autant mieux leurs qualités et évitera le rancissement.

▶ Les savons, les argiles, les préparations à base de sel, de vinaigre, d'alcool, de bases lavantes, peuvent se conserver sans problème à température ambiante.

Astuce : en cas de doute, gardez les préparations au réfrigérateur et prélevez-en régulièrement, dans des petits pots ou des flacons, la quantité utile pour quelques jours. Le congélateur peut aussi être d'un grand secours si vous avez préparé trop de produit (masque ou lotion par exemple). En principe, les préparations retrouvent leur texture d'origine après décongélation.

CONSERVATEURS ANTIOXYDANTS

Ajoutés à une concentration d'environ 0,5 à 1 %, ils prolongent la durée de vie des préparations. Ainsi, on peut ajouter une petite pincée de vitamine C (acide ascorbique) dans les solutions à base d'eau ou 1 à 2 capsules de « vitamine E » dans les produits à base d'huile. Certaines huiles essentielles de la sélection (petit-grain, romarin, sauge sclarée) sont douées de propriétés antioxydantes, ainsi que l'huile essentielle de carvi (*Carum carvi*).

Dans certains magasins spécialisés (voir carnet d'adresses p. 189), on trouve désormais un antioxydant très efficace à base de romarin.

ZOOM *Deux conservateurs naturels de choix*

▶ L'extrait de pépins de pamplemousse (en solution) est à la fois antimicrobien et antioxydant. On le trouve dans les magasins de diététique.

▶ L'extrait de romarin (en solution) est antioxydant. Pour une bonne conservation des produits, il faut l'associer à une huile essentielle antiseptique (voir page suivante). On le trouve trouve dans les magasins spécialisés (voir carnet d'adresses).

▶ Les deux actifs sont solubles dans l'eau et dans les huiles.

▶ La concentration recommandée est de 1 ou 2 gouttes pour 10 ml de produit fini.

CONSERVATEURS ANTIMICROBIENS

Il est recommandé d'ajouter 0,5 à 1 % d'une ou plusieurs huiles essentielles antiseptiques telles qu'eucalyptus radié, palmarosa, lavande (les 2), lavandin, niaouli, petit-grain, ravensare, thym (les 2) ou tea-tree. L'extrait de propolis et l'extrait de pépins de pamplemousse peuvent être utilisés comme conservateurs aux mêmes concentrations. En revanche, le traditionnel borax est à éviter car il est irritant et allergisant (et chimique !).

···❯ Le kit du débutant

Pour vos tout premiers essais, inutile d'investir dans du matériel spécifique et de remplir vos placards d'une pléthore de produits. Outre les ingrédients alimentaires toujours présents dans la cuisine (farines, fruits de saison, miel, poudre d'amande, vinaigre, yaourt…), nous vous proposons ce «kit», constituant une bonne base de départ pour un investissement d'environ 100 à 120 €. Mais vous verrez qu'il sera vite rentabilisé !

Nous avons principalement sélectionné ces produits pour leur exceptionnelle polyvalence.

Voici quelques exemples de soins que vous pourrez réaliser avec ce kit : crèmes, baumes et huiles visage, huiles corps, masques visages, masques capillaires, gommages, lotions, fumigations visage, gels douches.

LES INDISPENSABLES

▸ Argile blanche : environ 4 € les 500 g.
▸ Base lavante végétale douce ou savon de Marseille liquide : à partir de 10 à 12 € le litre.
▸ Cire d'abeille : environ 5 à 6 € les 100 g.
▸ Eau de rose (environ 8 € le 1/2 litre).
▸ Gel d'aloès en tube : environ 10 € le tube de 100 g de gel cosmétique stabilisé.

- Glycérine : environ 5 à 6 € les 250 ml.
- Poudre d'amande bio : environ 2 à 3 € les 100 g.

LES HUILES VÉGÉTALES

- Si l'on en veut qu'une : tournesol (à partir de 8 à 10 € le 1/2 litre).
- Base visage peaux normales à sèches : tournesol ou amande douce (5 à 6 € les 100 ml).
- Base visage peaux grasses : noisette ou olive (environ 10 € le 1/4 de litre).
- Base corps, massage : tournesol ou pépins de raisin (à partir de 8 à 10 € le 1/2 litre).
- Huile riche (peaux sèches, matures) : rose musquée, une merveille… (à partir de 13 € les 100 ml).

Les prix moyens sont donnés pour les huiles biologiques.

LES HUILES ESSENTIELLES

Commencer avec 3 ou 4 huiles essentielles, que l'on pourra choisir dans la sélection suivante (le prix moyen de ces huiles est de 5 € pour un flacon de 10 ml, voire moins).

- Géranium Bourbon.
- Lavande fine : indispensable !
- Petit-grain : à choisir en priorité si l'on n'en veut qu'une, car elle sert aussi de conservateur.
- Romarin.
- Sauge sclarée.
- Tea-tree.
- Ylang-ylang.
- Pour ses excellentes propriétés antirides, nous recommandons la ciste ladanifère, malgré son prix plus élevé (mais on n'en utilisera que 2 à 3 gouttes par jour…).

Des produits et des soins pour le visage

La peau du visage nécessite des soins attentifs car, bien que très fine, c'est la plus exposée aux agressions climatiques et à la pollution. Ses besoins spécifiques dépendent du type de peau et évoluent avec l'âge. Après avoir abordé les produits du quotidien (démaquillants, lotions, huiles visage et crèmes), nous vous proposerons un choix de soins en profondeur, à appliquer une ou deux fois par semaine (fumigations, gommages, masques). Pour vous aider dans la confection de vos produits, nous vous proposons une sélection d'ingrédients adaptés à votre peau à la fin de ce chapitre (p. 137).

Les soins démaquillants

⋯⟩ Les démaquillants express

TOUTES PEAUX, PEAUX NORMALES

- ▶ Eau de rose et autres hydrolats.
- ▶ Gel d'aloès liquide.
- ▶ Mélange de 3/4 de gel d'aloès (en tube ou liquide) et de 1/4 d'huile végétale (bien agiter).
- ▶ Huile d'amande douce.
- ▶ Lait ou yaourt brassé (bien rincer pour éliminer les constituants non absorbés par la peau).
- ▶ Yaourt mélangé à une huile fine au choix (peut être conservé 3 à 4 jours au réfrigérateur).

Il n'est jamais trop tôt pour prendre soin de sa peau.

PEAUX GRASSES, PEAUX JEUNES

▶ Huile de noisette ou d'olive (on peut ajouter 12 gouttes d'huile essentielle de romarin ou de lavande pour 50 ml).

▶ Jus de concombre frais ou gel d'aloès liquide.

PEAUX SÈCHES

▶ Toutes les huiles fines.

⋯⁂ Les laits démaquillants

Lait démaquillant onctueux toutes peaux

100 ml d'huile d'amande douce (ou olive, noisette, tournesol), 2 cuillers à café de cire d'abeille en granulés, 60 ml d'eau de rose ou de fleur d'oranger (à défaut, eau de source ou eau minérale), 2 cuillers à café de glycérine, 20 gouttes d'huile essentielle de petit-grain ou de romarin pour la conservation (obligatoire), 15 gouttes d'huiles essentielles parfumées (facultatif).

Dans un bol placé au bain-marie, faire fondre la cire d'abeille dans l'huile, en tournant de temps en temps (le mélange doit devenir clair et homogène). Hors du feu, incorporer petit à petit l'eau florale, puis la glycérine et enfin les huiles essentielles, en tournant à l'aide d'un fouet (comme pour une mayonnaise).

> **Astuce :** la consistance du lait peut être modifiée une fois la préparation finie, en la faisant à nouveau tiédir au bain-marie. Si on la préfère plus fluide, ajouter un peu plus d'huile (ne pas ajouter d'eau de rose, elle risque de mal s'incorporer). Si l'on désire une consistance plus épaisse, il suffit d'ajouter quelques granulés de cire d'abeille que l'on aura fait fondre auparavant.

Émulsion démaquillante et rafraîchissante à l'aloès toutes peaux

60 ml d'huile d'amande douce ou de tournesol, 80 ml de gel d'aloès en tube ou liquide, 20 ml d'eau de rose, 15 gouttes d'huile essentielle de petit-grain ou de romarin pour la conservation (obligatoire), 10 à 15 gouttes d'huiles essentielles parfumées (facultatif).

Dans un bol, émulsionner à froid l'huile et le gel d'aloès à l'aide d'un fouet. Ajouter doucement l'eau florale puis les huiles essentielles. Mettre en flacon et bien agiter. Secouer légèrement avant chaque emploi.

Les lotions

Elles conviennent pour un nettoyage léger (visage non maquillé), pour parfaire le démaquillage ou pour rafraîchir la peau.

⋯⟩ Les hydrolats

Les véritables eaux florales (hydrolats) constituent d'excellents toniques, adaptés aux différents types de peaux (voir p. 75).

> Astuce : pour les messieurs, certaines eaux florales constituent d'excellentes lotions après-rasage (géranium rosat, hamamélis, lavande, romarin). On peut les enrichir d'un peu de glycérine (1 cuiller à café pour 100 ml) ou de gel d'aloès en tube ou liquide (1 ou 2 cuillers à soupe).

⋯⟩ Les lotions maison

Infusions florales

Verser 200 ml d'eau filtrée ou d'eau de source bouillante sur 1 cuiller à soupe de plantes fraîches ou 2 cuillers à café de plantes séchées, adaptées à votre peau. Laisser infuser 5 minutes avant de filtrer à travers un filtre à café.

Ces lotions doivent être conservées de préférence au réfrigérateur et jamais plus de 1 ou 2 jours à température ambiante. C'est pourquoi il est recommandé de n'en fabriquer que de petits volumes (200 ml, soit un verre). Leur conservation est améliorée si l'on y ajoute de l'extrait de pépins de pamplemousse (10 gouttes pour 100 ml).

Un grand classique : L'eau de Ninon de Lenclos

50 ml d'eau de fleur d'oranger, 50 ml d'eau de rose, 1 cuiller à café de lait d'amande, 1/2 cuiller à café de teinture de benjoin, 40 gouttes d'huile essentielle de petit-grain (ou de néroli). Verser un à un les ingrédients dans un flacon en terminant par les huiles essentielles. Bien agiter. Conserver durant 1 à 2 semaines à température ambiante. Cette formule est adaptée d'une recette ancienne publiée au début du XXᵉ siècle. Elle employait initialement de la teinture d'iris, que l'on peut encore trouver dans les herboristeries. Nous l'avons remplacée ici par de la teinture de benjoin, qu'il est plus facile de se procurer en pharmacie (demander environ 200 ml).

Lotions aux huiles essentielles

Porter à ébullition 200 ml d'eau. Ajouter 40 gouttes d'huiles essentielles adaptées à votre peau, bien recouvrir puis laisser frémir légèrement pendant 10 minutes. Laisser refroidir, toujours couvert. Filtrer à travers un filtre à café. Conserver 4 à 5 jours à température ambiante.

Les baumes et les crèmes

⋯⟩ Préparation du baume type

Le mode de préparation est le même pour toutes les recettes. Dans un premier temps, verser l'huile ou le mélange d'huiles dans un bol. Ajouter la cire d'abeille. Placer le bol au bain-marie, la casserole étant remplie de 3 à 4 cm d'eau frémissante. Sur le feu, maintenir une légère ébullition de l'eau et remuer de temps en temps le mélange pour accélérer la fonte. Quand le mélange est limpide et homogène, retirer le bol du bain-marie et ajouter, hors du feu, les autres ingrédients en commençant par l'eau florale (le cas échéant). Remuer sans cesse avec un fouet pour bien homogénéiser. En refroidissant, la préparation devient opaque puis s'épaissit. Il faut la mettre en pot lorsqu'elle est encore assez fluide. On peut s'aider pour cela de spatules en bois (type abaisse-langue).

Préparation d'un baume au calendula.

Temps moyen de préparation : 15 minutes.

Volume final : vous obtiendrez environ 60 à 70 ml de préparation finale selon les recettes (pour vous faire une idée : les crèmes cosmétiques du commerce sont vendues dans des pots de 30 à 50 ml).

Conservation : 2 à 3 mois à température ambiante, à l'abri de la lumière. Compte tenu de la présence de cire d'abeille, la consistance des préparations peut varier en fonction du climat. L'été, en cas de canicule, garder les baumes et les crèmes dans un endroit frais.

Utilisation : les préparations suivantes peuvent servir de base (excipient) à des préparations plus élaborées ou être employés telles quelles, le matin ou le soir. Ces crèmes ne contenant pas d'ingrédients leur conférant une spécificité de type

Petits volumes
Ils sont donnés en cuillers à café ou cuillers à soupe (en dessous de 50 ml). Au-delà, les volumes sont donnés en millilitres (ml).

Rappel
10 ml = 1 centilitre (cl) = 1/2 verre à eau.

Doses de cire d'abeille
Elles sont sont données en cuillers à café de granulés non fondus.

crème de jour ou crème de nuit, c'est selon leur consistance et leur teneur en matières grasses que vous pourrez juger de l'usage que vous en ferez.

⋯⟩ Les compacts

Ces formules assez grasses et très nourrissantes conviennent particulièrement aux baumes pour les lèvres et crèmes de nuit.

Baume du débutant
3 cuillers à soupe d'huile de base visage, 2 cuillers à café de cire d'abeille, 4 gouttes d'huile essentielle de petit-grain ou de romarin. Ce baume de couleur ivoire a la consistance d'une cire épaisse, mais fondante.

Baume fondant au miel
50 ml d'huile de base visage, 2 cuillers à café 1/2 de cire d'abeille, 1 cuiller à café de miel liquide, 6 gouttes d'huile essentielle de petit-grain ou de romarin. Ce baume blanc nacré a la consistance d'un miel épais.

⋯⟩ Les onctueuses

Ces formules protectrices conviennent aux soins quotidiens des peaux sèches ou très sèches, comme crèmes de nuit ou crèmes de jour.

Crème nourrissante et protectrice
50 ml d'huile de base visage, 1 cuiller à soupe d'huile de jojoba, 1 cuiller à soupe de cire d'abeille, 1 cuiller à soupe d'eau de rose, 10 gouttes d'huile essentielle de petit-grain ou de romarin. De couleur ivoire, elle a une consistance crémeuse un peu épaisse.

Crème nourrissante et hydratante
3 cuillers à soupe d'huile de base visage, 2 cuillers à café de cire d'abeille, 2 cuillers à café d'eau de rose, 1 cuiller à café de glycérine, 8 gouttes d'huile essentielle de petit-grain ou de romarin. Cette crème blanc nacré a une consistance un peu plus souple.

> **Astuces**
> Si la consistance finale de la préparation est jugée trop épaisse, on peut la faire à nouveau tiédir au bain-marie et y ajouter une petite quantité d'huile pour la rendre plus fluide.
> À l'inverse, pour l'épaissir, procéder de la même manière et incorporer un peu de cire d'abeille préalablement fondue.
> Si, au bout des quelques jours, des gouttelettes d'eau se forment à la surface de la crème, rien de grave. Il suffit de retourner le pot et de le secouer légèrement pour les éliminer.

···⟩ La plus fluide

Cette crème fluide, très bien absorbée, convient à tous les types de peau, notamment comme crème de jour.

Crème fluide hydratante

2 cuillers à soupe d'huile de base visage, 1 cuiller à café de cire d'abeille, 2 cuillers à soupe d'eau de rose, 1 cuiller à café de glycérine, 2 capsules d'huile enrichie en vitamine E, 8 gouttes d'huile essentielle de petitgrain ou de romarin. Cette crème blanc nacré est fluide et veloutée. Si elle se « sépare », il suffit de secouer énergiquement le flacon afin de mélanger à nouveau les phases.

Ces bases nourrissantes et protectrices peuvent être modifiées selon votre gré :

▶ Vous pourrez remplacer tout ou partie de l'huile de base par une huile riche (argan, onagre, rosier…) notamment pour les peaux sèches, matures.

▶ Vous pourrez également remplacer l'eau florale de base par un autre hydrolat ou une infusion de plantes (préparée pour l'occasion).

▶ Vous pourrez les enrichir à volonté d'huiles essentielles adaptées à votre peau (jusqu'à 3 %, pas plus) ou des actifs suivants :
peaux sèches, peaux matures : gelée royale (1 petite noisette), huile enrichie en vitamine E (3 ou 4 capsules), acide ascorbique (1 pincée) ;
peaux grasses, peaux à tendance acnéique : gelée royale ou extrait de propolis (8 à 10 gouttes), extrait de pépins de pamplemousse (8 à 10 gouttes).

Vous pourrez détourner ces recettes pour d'autres applications : les quatre premières en crèmes pour les mains, la dernière en lait corporel ou lait démaquillant.

> **Rappels**
> **Attendre que le mélange ait commencé à tiédir pour ajouter les ingrédients additionnels.**
> **Toujours ajouter les huiles essentielles hors du feu.**

> **Si l'on ne souhaite pas se lancer dans de telles préparations, on trouve dans les magasins de produits naturels des bases toutes prêtes (mais pas toujours bio), que l'on pourra enrichir à sa guise d'éléments actifs au choix. On peut également partir d'une crème neutre (type cold-cream), choisie dans les marques de cosmétiques naturels. On pourra y incorporer à froid des huiles essentielles, des huiles riches ou d'autres actifs.**

⋯⟩ Quelques variantes pour se perfectionner

CRÈMES TOUTES PEAUX

Crème hydratante à l'aloès (jour/nuit)

Mélanger à parts égales une noisette de gel d'aloès à une huile végétale de son choix, simplement dans le creux de la main. On obtient alors une émulsion onctueuse, très fraîche et très agréable. Vous pouvez ajouter 1 ou 2 gouttes d'huile essentielle adaptée à votre peau.

> **Le gel d'aloès en tube est hydratant, mais peut provoquer une sensation de tiraillement en raison de son effet tenseur. Ici, on obtient une émulsion onctueuse, très fraîche et très agréable.**

Crème aux 3 huiles riches (jour/nuit)

Préparer une « crème nourrissante et hydratante » en remplaçant l'huile de base par un mélange à parts égales de beurre de karité, d'huile de germe de blé et d'une autre huile riche au choix. Incorporer 1 cuiller à café de miel épais. En plus du petit-grain, ajouter 4 à 5 gouttes d'huile essentielle de géranium Bourbon ou de lavande fine.

> **Astuce : lorsque vous appliquez une crème ou une huile sur le visage, n'oubliez pas d'en appliquer aussi sur le cou et même le décolleté, dont la peau fine et sèche a besoin d'autant de soins.**

La crème du jardinier

Mesdames, si votre époux est rebelle aux crèmes de beauté, mais qu'il revient du jardin la peau rougie, asséchée par le vent, le froid ou le soleil, préparez, par exemple, une base « crème onctueuse hydratante ». Oubliez l'huile essentielle de petit-grain et remplacez-la par l'huile essentielle de romarin. Ajoutez 5 à 6 gouttes de notes masculines : par exemple laurier noble, lavande (fine ou aspic), lavandin, menthe douce, sauge sclarée, thym (les 2), vétiver…

Crème contour des yeux (jour/nuit)

Préparer un « baume du débutant » avec 3 cuillers à soupe d'huile riche, 2 ou 3 gélules d'huile enrichie en vitamine E et 1 cuiller à café de cire d'abeille. Ajouter l'huile essentielle de petit-grain, comme dans la recette (4 gouttes), ou la remplacer par une autre huile essentielle très douce (bois de rose, camomille, carotte, lavande fine, rose). Appliquer en massant légèrement de l'angle interne de l'œil vers l'extérieur. Bien faire pénétrer si vous souhaitez vous maquiller.

> Remarque : la peau, au niveau des paupières, est particulièrement fine et fragile. Il faut la protéger pour éviter qu'elle ne se flétrisse, mais la proximité de l'œil impose l'emploi de produits très doux.

PEAUX SÈCHES ET PEAUX MATURES

Crème antirides express (jour/nuit)

50 g de crème neutre (la plus naturelle possible), 1 cuiller à café d'huile riche, 10 à 15 gouttes d'huiles essentielles antirides.

Mettre la crème ou la base dans un récipient. Incorporer à froid les autres ingrédients un à un. Bien homogénéiser au fouet. Remettre dans un pot.

> Une petite sélection d'huiles essentielles « antirides » : bois de rose, ciste ladanifère, encens oliban, immortelle, orange amère, petit-grain, sauge sclarée, thym à linalol ou géraniol (voir aussi p. 138).

Une crème à la rose,
c'est un monde de douceur...

Crème antirides maison (jour/nuit)

Préparer une crème choisie parmi les onctueuses en remplaçant le quart voire la moitié de l'huile de base par une huile riche. Ajouter 10 à 15 gouttes d'huiles essentielles antirides (voir p. 117).

Crème au miel et à la rose (jour/nuit)

Préparer une crème choisie parmi les onctueuses en remplaçant le quart voire la moitié de l'huile de base par de l'huile de rose musquée. Avant de retirer du feu, ajouter 1/2 cuiller à café de miel, puis hors du feu 10 à 15 gouttes d'huile essentielle de rose (à défaut bois de rose, géranium Bourbon ou géranium rosat).

Crème express au germe de blé (nuit)

Le soir, avant d'appliquer sa crème de nuit habituelle, l'enrichir en y ajoutant, dans le creux de la main, quelques gouttes d'huile de germe de blé (le contenu d'une capsule par exemple) et 1 ou 2 gouttes d'huile essentielle antirides. L'huile essentielle que nous recommandons ici est la ciste ladanifère.

Riche en vitamine E, l'huile de germe de blé a des propriétés antioxydantes très bénéfiques aux peaux matures. Hélas, loin de sentir l'herbe fraîche, son odeur évoque plutôt l'huile des sardines. D'où son emploi dans cette crème... de nuit.

PEAUX GRASSES ET PEAUX À TENDANCE ACNÉIQUE

Gel express (jour/nuit)

Le gel d'aloès en tube, employé seul, convient parfaitement aux peaux grasses qui n'ont pas tendance à tirer. Pour plus de confort, on peut mélanger dans le creux de la main une noisette de gel d'aloès en tube et quelques gouttes d'huile de noisette ou d'olive. Ajouter éventuellement 1 ou 2 gouttes d'huile essentielle de cyprès bleu, lavande, palmarosa, pamplemousse ou tea-tree.

Baume équilibrant (nuit)
Préparer un «baume du débutant» ou un «baume fondant au miel» en remplaçant l'huile d'amande douce par de l'huile d'olive ou de noisette. Hors du feu, ajouter 2 gouttes d'huile essentielle de lavande, 3 gouttes d'essence de citron, 2 gouttes d'huile essentielle de menthe verte, 3 gouttes d'huile essentielle de patchouli.

Baume réparateur assainissant (nuit)
Suivre les mêmes recettes que ci-dessus. Ajouter 5 gouttes d'huile essentielle de tea-tree et 5 gouttes d'huile essentielle choisie parmi les suivantes : camomille, cyprès bleu, galbanum, myrrhe ou sauge sclarée.

⋯⋗ Les baumes pour les lèvres
En suivant les recettes suivantes vous obtiendrez de petits volumes de baume à lèvres (environ 30 ml).

> Astuce : en règle générale, pour parfumer les baumes à lèvres, choisir des huiles essentielles au parfum doux, sucré ou fruité (camomille, carotte, mandarine, orange douce, pamplemousse, petit-grain…).
> Éviter celles qui sont trop aromatiques ou entêtantes.

Baume au karité fruité
Faire fondre 2 cuillers à soupe de beurre de karité. Hors du feu, ajouter 4 à 6 gouttes d'huiles essentielles parfumées (voir ci-dessus).

Baume extra-doux au miel
Faire fondre au bain-marie 1 cuiller à café de cire d'abeille dans 1 cuiller à soupe d'huile d'amande douce ou de tournesol. Lorsque le mélange commence à tiédir, incorporer 1/2 cuiller à café de miel liquide puis 4 gouttes d'huile essentielle parfumée.

> Astuce : les bases « baume du débutant » et « baume fondant au miel » conviennent parfaitement aux soins des lèvres.

Les huiles pour le visage

Ces huiles s'appliquent directement sur le visage, comme soin unique ou avant votre crème habituelle. N'en utilisez que quelques gouttes et faites pénétrer, elles seront bien absorbées et ne laisseront pas de film gras sur la peau.

⋯⟩ Les huiles végétales pures

Appliquées pures, sur la peau nettoyée, les huiles végétales et tout particulièrement les huiles riches sont tout à fait adaptées aux soins quotidiens du visage.

> Astuce : il est parfaitement possible de se concocter un petit mélange d'huiles personnalisé. Par exemple, on peut associer des huiles riches pour combiner leurs bienfaits ou diluer les huiles coûteuses (argan, jojoba, rose musquée…) à 10 ou 20 % dans une huile de base, moins onéreuse.

⋯⟩ Les huiles de beauté aromatiques

Ajouter 1 à 2 % d'huiles essentielles dans une huile végétale ou un mélange d'huiles (soit 10 à 20 gouttes pour 50 ml) : pour le choix des ingrédients adaptés à votre peau, voir p. 137.

Les huiles aromatiques se conservent à température ambiante, à l'abri de la lumière. Pour que les propriétés des huiles essentielles ne s'altèrent pas, il est conseillé de les préparer en quantités limitées (pas plus de 50 ml).

Le massage facial : un geste simple, beaucoup d'effets

Le massage facial stimule et draine la peau, lisse les traits et prévient l'apparition des rides. Il est tout indiqué le soir, car on dispose d'un peu plus de temps, mais aussi parce qu'il permet de chasser la fatigue de la journée. On peut le pratiquer à l'aide d'une huile de beauté ou d'une crème grasse. Il s'effectue du bout des doigts, avec un mélange de douceur et de fermeté. Il doit toujours s'effectuer des zones centrales vers la périphérie et du bas vers le haut (sauf au niveau du cou que l'on massera du menton vers le décolleté).

Des macérats pour le visage

Certains macérats du commerce sont adaptés aux soins du visage. Mais on peut aussi les fabriquer selon la recette de la page 34.

▶ Calendula, camomille (les 2) : calment les peaux irritées, sensibles.

▶ Carotte : illumine le teint.

▶ Lis : éclaircit et unifie le teint.

▶ Persil : éclaircit et unifie le teint, stimule les cellules cutanées.

▶ Romarin ou lavande (dans huile d'olive ou de noisette) : assainissent les peaux grasses, acnéiques.

⋯⋗ Les huiles de soin

Ces huiles, plus concentrées en huiles essentielles (3 à 4 %), doivent être appliquées uniquement sur les zones concernées. On peut les employer quotidiennement.

> Astuce : on peut préparer des baumes de soin en remplaçant, dans ces recettes, les huiles citées par 2 cuillers à café de beurre de karité préalablement fondu au bain-marie.

Huile antirougeurs (peaux couperosées)

Ajouter 6 gouttes d'huile essentielle de cyprès vert dans 2 cuillers à café d'huile d'amande douce. Masser délicatement les zones concernées matin et soir. Utiliser en soin quotidien ou par cures.

L'huile essentielle de cyprès est excellente contre les rougeurs car elle contracte les petits vaisseaux.

> On peut remplacer l'huile d'amande douce par de l'huile de calophylle inophylle, qui protège les petits vaisseaux, ou par un mélange des deux.

Huile contre les taches colorées (type « taches de son »)

Ajouter 8 gouttes d'huile essentielle de petit-grain, de bois de rose ou de mélange des deux dans 2 cuillers à café d'huile de bourrache, d'onagre ou de rose musquée ou dans de l'huile de lis, connue pour unifier le teint.

Appliquer uniquement sur les zones concernées, en évitant le contour des yeux. Bien faire pénétrer.

> **Cette huile n'est efficace qu'après plusieurs semaines de traitement, mais les premiers résultats apparaissent assez rapidement.**

Huile contre les petites cicatrices récentes

Dans 2 cuillers à café d'huile d'avocat ou de macérat de carotte, ajouter 6 gouttes d'huile essentielle cicatrisante, seule ou en mélange (achillée millefeuille, camomille allemande, camomille romaine, géranium Bourbon, géranium rosat, rose).

Appliquer délicatement cette huile sur la cicatrice, matin et soir, sans masser.

Huile contre les petites cicatrices anciennes

Dans 2 cuillers à café d'huile d'avocat ou de macérat de carotte, ajouter 6 gouttes d'huile essentielle de camomille (les 2), carotte, géranium Bourbon ou rose, seule ou en mélange.

Appliquer cette huile sur la cicatrice, matin et soir, en effectuant un léger massage. Masser de temps en temps la cicatrice entre deux applications. Le traitement sera long (plusieurs semaines), mais pourra donner à terme de bons résultats grâce aux huiles essentielles régénératrices et stimulantes.

Le « micro-hammam » facial

Le micro-hammam facial consiste à exposer le visage à la vapeur d'eau enrichie de plantes ou d'huiles essentielles.

On le pratique en penchant le visage au-dessus d'un récipient évasé rempli d'eau bouillante, une serviette-éponge enveloppant la tête et le récipient pour capturer la vapeur, pendant 5 à 10 minutes. Si l'évaporation devient insuffisante avant ce délai, on peut remettre le récipient quelques secondes à la chaleur pour relancer le processus. S'essuyer ensuite le visage et appliquer un masque ou une crème hydratante. Ne vous inquiétez pas si vous êtes un peu rouge après le soin, c'est l'effet naturel de la vapeur. Ce bain de vapeur permet de nettoyer la peau en profondeur, de la décongestionner, de calmer les irritations et de la préparer à recevoir des soins.

Très purifiant et non irritant, le micro-hammam est particulièrement recommandé aux peaux mixtes ou grasses, à tendance acnéique (notamment en cas de pores bouchés ou de boutons infectés), au rythme d'une fois par semaine

> **Astuce :** on peut ajouter aux recettes ci-dessous le jus d'un demi-citron ou 1 cuiller à café de teinture de benjoin. On peut également appliquer la valeur d'une cuiller à soupe de miel sur le visage avant le micro-hammam. Bien rincer à l'eau tiède après le soin.

Micro-hammam aux plantes

Faire bouillir 1/2 litre d'eau avec 1 à 2 poignées de plantes purifiantes seules ou en mélange (lavande, romarin, sauge, thym…). Couvrir et laisser frémir 2 à 3 minutes. Verser la décoction bien chaude dans un récipient suffisamment évasé. Pencher sans attendre la tête au-dessus de la vapeur en la couvrant d'une serviette et rester ainsi 5 minutes. S'essuyer le visage et appliquer un soin traitant.

Micro-hammam aux huiles essentielles

Faire bouillir 1/4 à 1/2 litre d'eau. Hors du feu, ajouter 15 gouttes d'huile essentielle antiseptique et purifiante, seule ou en mélange : eucalyptus radié, lavande (les 2), lavandin, marjolaine à coquilles, niaouli, ravensare, romarin (les 2), thym (les 2), tea-tree…

Procéder immédiatement au bain de vapeur. Ce soin est purifiant aussi bien pour la peau que pour les voies respiratoires.

Si l'on souhaite une préparation mixte, ajouter 10 gouttes d'huiles essentielles purifiantes dans une fumigation à base de plantes.

Les gommages

Le gommage est utile aussi bien pour nettoyer la peau en profondeur que pour la stimuler et activer le renouvellement cellulaire.

⋯⋗ Comment procéder

▶ Placer une serviette sur les épaules et un bandeau sur les cheveux pour éviter les salissures.

▶ Masser délicatement le visage pendant quelques minutes avec la préparation, en effectuant des mouvements circulaires. Procéder avec plus de douceur encore si l'on a la peau fine, sensible.

▶ Insister particulièrement sur la zone médiane (front, ailes du nez, menton) si l'on a la peau grasse ou mixte.

▶ Éviter le contour des yeux.

▶ Rincer à l'eau tiède.

⋯⋗ Les exfoliants naturels

Il s'agit de produits acides éliminant les cellules mortes par un processus chimique. Ils conviennent plutôt aux peaux normales à grasses et sont déconseillés aux peaux sensibles. Les laisser agir 1 à 2 minutes avant de procéder au gommage.

▶ Gel d'aloès liquide.

▶ Jus frais ou pulpe d'ananas, de tomate, de citron, de pomme, de raisin, de concombre, de mangue, de papaye, de fraise, de persil…

▶ Miel, éventuellement dilué dans un peu d'eau.

▶ Yaourt, kéfir, laits caillés.

⋯⋗ Les produits gommants naturels

Ils éliminent les cellules mortes par un processus mécanique. Les produits suivants conviennent à tous les types de peaux.

▶ Farine de son : diluer dans de l'eau ou une lotion pour obtenir une pâte épaisse.

▶ Flocons d'avoine finement mixés : mélanger la poudre avec une base (lait démaquillant, huile végétale, yaourt, crème fraîche, jaune d'œuf, miel…) pour obtenir une pâte granuleuse. Éviter les solutions aqueuses (lotions, eaux florales…) car l'eau imprègne la poudre et la ramollit.

▶ Poudre d'amande, de noix de coco ou de noisettes : procéder comme pour les flocons d'avoine.

▶ Sucre en poudre fin : imprégner avec de l'huile pour obtenir la consistance d'un miel.

⋯⟩ Suggestions de recettes (toutes peaux)

Masque/gommage magique éclat du teint

Mélanger 2 cuillers à soupe de yaourt brassé nature, 2 cuillers à soupe de poudre d'amande, 2 cuillers à café de miel, 2 gouttes d'huile essentielle adaptée à votre peau (facultatif). Appliquer le mélange sur le visage et laisser poser environ 10 minutes (facultatif). Effectuer des

Le gommage doit être effectué avec douceur, du bout des doigts.

massages circulaires, en insistant sur les zones grasses, le cas échéant. Bien rincer. Ce soin adoucit, satine et purifie la peau. Il éclaircit et ravive le teint…

> **Astuce : s'il vous reste un peu de cette préparation, conservez-la au congélateur jusqu'à la prochaine fois…**

Masque/gommage douceur hydratant

Mélanger 1 cuiller à soupe de poudre d'amande, 1 cuiller à café de glycérine et 1 cuiller à café d'huile fine au choix. Ajouter 2 gouttes d'huile essentielle adaptée à votre peau (facultatif). Laisser poser 10 minutes environ (facultatif). Effectuer des massages circulaires, en insistant sur les zones grasses, le cas échéant. Bien rincer.

ZOOM   *Pour compléter le micro-hammam ou le gommage*

Ces soins express sans rinçage ont des effets proches de ceux des masques, mais ne se rincent pas. Ils consistent à appliquer généreusement sur le visage une préparation très riche bien absorbée par la peau.
Effectuez un léger massage pour bien faire pénétrer puis laissez poser 15 à 20 minutes. Éliminez éventuellement l'excédent à l'aide d'un coton ou d'une serviette propre.

▶ **Fréquence**
Ces soins peuvent se pratiquer 1 ou 2 fois par semaine, de préférence le soir et après une fumigation ou un gommage pour un effet optimum. Vous pouvez également les appliquer en cure, 1 fois par jour pendant une semaine, lorsque vous en ressentez le besoin (peau fatiguée, desséchée, irritée…).

▶ **Toutes peaux, peaux normales, peaux mixtes**
Soins express hydratants
• Mélange pour moitié de glycérine et d'huile fine au choix.
• Mélange pour moitié de gel d'aloès en tube et d'huile huile fine au choix.

▶ **Peaux sèches**
Soins express nourrissants
• Huile riche au choix.
• Mélange pour moitié de glycérine et d'huile riche.
• 2 à 3 capsules d'huile enrichie en vitamine E.

▶ **Peaux grasses**
Soins express adoucissants et assainissants
• Mélange de 3/4 de gel d'aloès en tube et de 1/4 d'huile d'olive ou de noisette.
• Mélange pour moitié de jus de citron filtré et d'huile d'olive ou de noisette.

Les masques

Les masques maison permettent de profiter de produits naturels tout frais, aux propriétés intactes. Soins nourrissants et traitants, ils peuvent être pratiqués 1 ou 2 fois par semaine, de préférence le soir, lors d'un moment de détente.

On les laisse poser avant de les rincer généreusement à l'eau claire, en terminant éventuellement par une lotion.

Les ingrédients naturels peuvent, exceptionnellement, être responsables de réactions allergiques (attention notamment aux fruits rouges). Attention également à la papaye et aux fruits acides (ananas, citron, kiwi et orange acide) si on a la peau sensible. Rincer immédiatement le masque si l'on éprouve une sensation anormale de chaleur ou des picotements. En revanche, il est normal que les masques à base d'argile donnent impression de tirer lorsqu'ils sèchent.

ZOOM   *Bonnes pratiques de fabrication des masques*

▶ **Les mélanges**
On évitera de combiner plus de 4 ou 5 ingrédients, afin de ne pas augmenter les risques d'incompatibilité entre les produits.

▶ **La consistance**
Les ingrédients devront toujours être mélangés soigneusement, pour obtenir une pâte de consistance homogène.

▶ **La préparation des fruits**
Il est préférable d'éplucher les fruits si la peau est épaisse et de les épépiner, le cas échéant (tomates, raisin…), avant de les mixer.

▶ **La préparation de l'œuf**
Sortir l'œuf du réfrigérateur au moins 15 minutes avant l'emploi. Pour les masques au blanc d'œuf, le monter en neige bien ferme.
Pour les masques au jaune d'œuf, l'émulsionner avec les autres ingrédients comme pour monter une mayonnaise.

▶ **La protection antitaches**
Certains masques risquent de couler et de provoquer des salissures.
Pour pallier cet inconvénient, on peut préparer un carré de gaze ou de papier absorbant dans lequel on découpe deux trous pour le contour des yeux, un trou pour les narines et un trou pour la bouche. On étale ensuite la préparation sur le visage et on la recouvre de cette compresse.

Les recettes de masques sont extrêmement variées, les combinaisons entre les différents ingrédients pouvant presque se conjuguer à l'infini. Parmi les suggestions ci-dessous, nous vous proposerons parfois plusieurs variantes aux effets très comparables. Ainsi, si un ingrédient vous fait défaut, vous pourrez en choisir un autre et rentabiliser encore mieux votre petit arsenal tout en tenant compte de vos préférences personnelles.

TOUTES PEAUX, PEAUX NORMALES

Masques tonifiants (pose 15 à 20 minutes)
- ▶ 1/2 verre de chair d'avocat, de banane, de concombre ou de melon mixée.
- ▶ La chair de 5 grosses fraises bien mûres, un blanc d'œuf battu en neige.
- ▶ 1 jaune d'œuf.

▷ 1 cuiller à soupe de levure de boulanger ou de levure de bière revivifiable, que l'on aura laissée gonfler préalablement dans un peu d'eau tiède (30 minutes), 1 cuiller à café d'huile de germe de blé (ou autre huile fine au choix).

▷ 1 cuiller à soupe de levure de bière en paillettes imbibée d'eau de source ou d'eau florale pour obtenir une pâte onctueuse.

Masques nettoyants et adoucissants (pose 30 minutes)

▷ 2 cuillers à soupe d'argile au choix, assez d'eau de rose ou d'eau de source pour obtenir une pâte épaisse, 1 cuiller à café d'huile d'amande douce.

▷ 1/2 verre de chair mixée de poire fondante, 1 cuiller à soupe de yaourt, 1 cuiller à soupe d'argile verte ou blanche en poudre, 1 cuiller à café d'huile d'amande douce.

> **Suggestion d'ingrédients additionnels :** 8 à 10 gouttes de teinture de benjoin, 1 à 2 cuillers à café de miel liquide, 1 cuiller à café de pollen réduit en poudre, 2 à 3 gouttes d'huile essentielle de bois de rose, lavande fine ou petit-grain, 1 à 2 cuillers à café de yaourt.

PEAUX SÈCHES, PEAUX MATURES

Masques adoucissants et émollients (pose 15 minutes)

▷ 2 cuillers à soupe de farine d'avoine (ou crème d'avoine), 1 cuiller à soupe d'huile d'amande douce, 1 peu d'eau de rose pour une consistance onctueuse.

▷ 1/2 verre de chair de banane mixée, 1 cuiller à café d'huile fine au choix.

▷ 1 cuiller à soupe de poudre d'amande, 1 cuiller à café de glycérine, 1 cuiller à café d'huile riche au choix. Pour un effet gommant, masser délicatement avant de rincer.

Masques nourrissants (pose 15 minutes)

▷ 1 jaune d'œuf, 1 cuiller à soupe d'huile de base, 1 cuiller à soupe de germe de blé en paillettes.

▶ 1 jaune d'œuf, 1 cuiller à soupe d'argile blanche, 1 cuiller à café de miel, quelques gouttes d'eau de rose si nécessaire.

▶ La chair mixée de 1/2 avocat, 1 cuiller à soupe de miel liquide, 1 cuiller à soupe de crème fraîche.

> **Suggestion d'ingrédients additionnels :** 1 cuiller à café d'huile riche, 3 à 4 gouttes de gelée royale, 1 ou 2 gélules d'huile enrichie en vitamine E, 3 à 4 gouttes d'huile essentielle antirides (voir p. 137).

PEAUX MIXTES, PEAUX GRASSES

Masques assainissants

▶ 1 blanc d'œuf (si possible en neige), 1/2 cuiller à soupe de jus de citron ou 2 cuillers à café de miel.

▶ 1 cuiller à soupe de miel liquide.

▶ 1 cuiller à soupe de miel, 1 à 2 cuillers à café de jus de citron.

▶ 1/2 verre de chair de concombre mixée, 2 cuillers à café de jus de citron.

▶ 1 cuiller à soupe de miel, 1 cuiller à café de yaourt.

Masques nettoyants

▶ 1 cuiller à soupe d'argile verte en pâte prête à l'emploi ou 2 cuillers à soupe d'argile verte en poudre, humectée d'eau de rose

▶ 1 cuiller à soupe d'argile verte en poudre, 5 ou 6 fraises écrasées ou mixées, 1 cuiller à café de miel, 1 cuiller à café d'huile d'olive ou de noisette, 1 cuiller à café de lait.

▶ 1 cuiller à soupe d'argile verte en poudre, 1/2 concombre mixé, 2 cuillers à soupe de miel, un peu d'eau de rose pour l'onctuosité.

> **Suggestion d'ingrédients additionnels :** 3 à 4 gouttes d'extrait de propolis ou d'extrait de pépins de pamplemousse, 3 à 4 gouttes d'huile essentielle antiseptique (voir p. 137).

PEAUX SENSIBLES

Masque antirougeurs

▶ 3 cuillers à soupe d'argile blanche, jaune ou rose, 1 cuiller à café d'huile de germe de blé, 3 gouttes des huiles essentielles suivantes, seules ou en mélange : lavandin, camomille, géranium Bourbon ou rosat, bois de rose.

Masque calmant contre les irritations

▶ 1 pomme de terre à chair blanche et farineuse cuite et réduite en purée, 1 cuiller à café de lait, 1 cuiller à café d'eau de rose.

⋮ Suggestion d'ingrédients additionnels : 1/2 cuiller à café de glycérine
⋮ 2 à 3 gouttes d'huile essentielle de camomille allemande ou romaine.

Des soins ciblés pour les ados

La peau grasse et l'acné sont les principaux soucis esthétiques des adolescents et des jeunes adultes. Ces problèmes, généralement mineurs, se voient souvent amplifiés par les soins agressifs proposés par les praticiens : produits nettoyants qui décapent, crèmes qui dessèchent, antiseptiques qui déstabilisent la flore cutanée, soins internes (antibiotiques, Roaccutane®, traitements hormonaux) qui nécessitent un suivi médical et entraînent des déséquilibres biologiques voire des séquelles durables.

Certes, les acnés sévères, compliquées, constituent une réelle pathologie et ne peuvent pas échapper au traitement médical. En revanche, dans les autres cas, des soins réguliers, respectueux de la peau, permettent de venir à bout en douceur de ces problèmes liés à l'âge.

⋯⟩ Les alliés des peaux jeunes

Certains produits naturels en particulier méritent véritablement d'être considérés comme les « amis des peaux jeunes » :

▶ Huiles essentielles, notamment tea-tree et lavande fine : antiseptiques, réparatrices.
▶ Argiles (verte, blanche), boues de la mer Morte (voir encadré p. 46) : nettoyantes, purifiantes.
▶ Gel d'aloès : antiseptique, cicatrisant, hydratant.
▶ Huiles de noisette, d'olive, de jojoba : équilibrantes.

▶ Eaux florales : rose (astringente), romarin et lavande fine (antiseptiques et toniques), tea-tree.

▶ Citron, thym, romarin, bardane, concombre : plantes de choix des peaux grasses.

▶ Extrait de propolis, extrait de pépins de pamplemousse : antibiotiques naturels.

CONSEILS ET ASTUCES

▶ Faire pratiquer régulièrement un nettoyage de peau (de plus en plus d'instituts proposent des méthodes naturelles, aux huiles essentielles).

▶ Ne pas masquer les boutons par un fond de teint, qui étouffe la peau. À la rigueur, cacher les plus visibles avec un anticerne, choisi dans les gammes de maquillage bio.

▶ Éviter d'appliquer sur l'ensemble du visage des solutions antiseptiques (alcool, Hexomédine®, Septéal®...), qui doivent être réservées aux soins locaux.

▶ Ne pas percer les boutons : cela en retarde la guérison et peut aggraver la lésion. En cas d'«accident», bien désinfecter le bouton trituré avec une solution antiseptique, appliquer ensuite 2 à 3 gouttes d'huile essentielle de tea-tree pure à l'aide d'un coton-tige. Laisser sécher quelques secondes et recouvrir d'une touche d'argile verte en pâte, qu'on laissera en placc le plus longtemps possible (toute une nuit par exemple). Cela permet généralement de limiter les dégâts...

▶ Avoir une hygiène irréprochable : s'essuyer le visage avec du papier absorbant ou des petites serviettes éponges blanches (serviettes d'invités), que l'on changera au moindre signe de saleté. Changer de taie d'oreiller le plus souvent possible, surtout en cas de poussée acnéique.

▶ Appliquer une touche de teinture d'iode, le soir, sur les boutons naissants, ce qui accélère leur évolution vers la guérison.

QUELQUES RECETTES

Soins nettoyants

▶ Le matin : nettoyer la peau à l'eau de rose, sur un coton. Essuyer délicatement avec une serviette propre.

▶ Le soir : ôter le maquillage avec un coton imprégné d'huile de noisette ou d'huile d'olive bio, d'un lait très doux ou de l'émulsion dont la recette est donnée ci-après. Rincer à l'eau de rose.

▶ 1 ou 2 fois par semaine (pas plus) : nettoyer le visage au savon de Marseille ou mieux encore au savon d'Alep. Rincer abondamment. Ce soin nettoie en profondeur, mais pratiqué trop souvent il dessécherait la peau et déséquilibrerait son pH.

Émulsion démaquillante peaux jeunes

4 cuillers à soupe de gel d'aloès liquide ou de gel d'aloès en tube, 4 cuillers à soupe d'huile de noisette, 2 cuillers à soupe d'eau de rose, 20 gouttes d'huile essentielle de lavande fine, lavandin, pamplemousse.

La chasse aux boutons commence par une bonne hygiène de la peau.

Verser un à un les ingrédients dans un flacon bien propre. Agiter énergiquement pour bien mélanger. Utilisée comme un lait démaquillant, cette émulsion équilibrante nettoie la peau, la nourrit et l'hydrate. Son emploi est très agréable. On peut le conserver 1 à 2 mois à température ambiante.

Masques

Appliquer un masque à l'argile 1 fois par semaine. Laisser poser 10 à 15 minutes.

▶ Masque nettoyant : argile en pâte ou argile en poudre imprégnée d'eau de source ou d'eau florale.

▶ Masque adoucissant : 1 cuiller à soupe d'argile en pâte et 1 cuiller à café d'huile de noisette.

▶ Masque traitant : 1 cuiller à soupe d'argile en pâte et 3 gouttes d'huile essentielle de tea-tree ou de lavande fine, ou 3 gouttes d'extrait de pépins de pamplemousse, ou 3 gouttes d'extrait de propolis.

Micromasques

Les appliquer par petites touches, le soir, sur les lésions. Laisser poser pendant toute la nuit.

▶ Micromasque express : une touche de pâte dentifrice ou de pâte gingivale (appliqué sur les boutons infectés, le dentifrice absorbe les sérosités et exerce une action antiseptique).

▶ Micromasque à l'argile : appliquer une touche d'argile en pâte, si possible additionnée de 1 goutte d'huile essentielle de lavande fine ou de tea-tree.

Cataplasme antiacnéique

Préparer 2 cuillers à soupe d'argile blanche en pâte (de préférence avec de l'eau florale de camomille, de lavande ou d'hamamélis). Ajouter 1 cuiller à soupe de gel d'aloès, 2 gouttes d'huile essentielle de lavande et 2 gouttes d'huile essentielle de tea-tree. Si possible, ajouter 2 gouttes d'extrait de propolis en solution. Appliquer par petites touches sur les zones infectées ou irritées. Laisser poser le plus longtemps possible. Éliminer délicatement à l'eau claire puis tamponner avec une lotion antiseptique. À faire chaque soir, jusqu'à guérison des lésions. Cette préparation peut se conserver jusqu'à 2 à 3 semaines dans un récipient.

Gommages et soins exfoliants

Toujours procéder en douceur, car les peaux acnéiques sont très sensibles. Ne pas pratiquer de gommage en cas de poussée ou sur les zones irritées. En période d'accalmie, nous recommandons le « masque/gommage magique éclat du teint » avec de l'huile essentielle de lavande fine (voir p. 125). On peut également appliquer des produits exfoliants (jus de citron, de tomate, de concombre, miel dilué dans un peu d'eau, yaourt, savon noir). Laisser agir 1 à 2 minutes, pas plus, puis rincer abondamment.

Fumigations

La fumigation ou micro-hammam est le soin idéal des peaux ayant tendance aux imperfections, car elle purifie la peau en profondeur. Il est recommandé de la pratiquer une fois par semaine. Suivre la recette de la page 122. Hors du feu, on peut ajouter 5 à 6 gouttes d'huile essentielle antiseptique (eucalyptus radié, lavande aspic, lavande fine, lavandin, niaouli, ravensare, tea-tree) ou 1 cuiller à café de teinture de benjoin.

Pour un micro-hammam aux plantes, l'une des plus recommandées est la bardane (en herboristerie).

Crèmes et huiles visage

Choisir une crème pour peaux grasses dans une gamme naturelle (voir carnet d'adresses).

En guise de crème de jour, on peut aussi appliquer du gel d'aloès en tube ou un mélange pour moitié de gel d'aloès et d'huile de jojoba. Le soir, appliquer l'huile de jojoba seule. Très bien absorbée, elle équilibre la peau et favorise la cicatrisation.

SOINS INTERNES

Pour beaucoup, l'acné est le reflet de déséquilibres intérieurs. C'est pourquoi certaines plantes et compléments alimentaires, ainsi qu'un régime approprié, aident souvent à soulager ce problème.

▶ Lait : une réduction de la consommation de lait permet souvent une amélioration.

▶ Préparations dépuratives : les plus réputées contre l'acné sont à base de bardane, de pensée sauvage, de fumeterre (consulter un herboriste ou un pharmacien). L'extrait de pépins de pample-mousse, utilisé en cure (solution ou comprimés), constitue un excellent dépuratif. Mais attention : les cures de dépuratifs font souvent sortir les boutons en début de traitement. Il faut garder le moral, car après cette phase, on obtient généralement une amélio-ration durable.

▶ Gélules de zinc (Rubozinc®) : elles donnent de bons résultats sur l'acné dans environ la moitié des cas (demander conseil à un phar-macien ou à un médecin). La dose habituelle est de 2 gélules par jour.

▶ Comprimés de levure de bière : ils contribuent à renforcer la qualité de la peau.

▶ Gattilier : il peut être recommandé chez les jeunes filles, lorsque l'acné s'accompagne de troubles hormonaux (règles irrégulières). Demander conseil à un herboriste.

La pensée sauvage est une alliée des ados.

Une sélection d'ingrédients pour vos soins du visage

···❖ Votre peau est normale

Elle ne tire pas, n'a pas tendance à briller, n'est pas sujette aux rougeurs ni aux irritations et ne présente pas d'imperfections (quelle chance !). Les soins polyvalents lui conviennent parfaitement.

▶ Huiles : abricot, amande douce, colza, jojoba, macadamia, noisette, olive, pépins de raisin, sésame.

▶ Macérats : carotte, lis.

▶ Huiles essentielles :
les polyvalentes : bois de rose, géranium Bourbon, géranium rosat, lavande fine, petit-grain, rose.

▶ Plantes et hydrolats : calendula, guimauve, bleuet, fleur d'oranger, hamamélis, lavande, mélisse, mauve, rose, verveine citron, tilleul.

▶ Fruits : tous.

▶ Ingrédients divers : argile, gel d'aloès, miel, yaourt, fromage blanc, farines, glycérine.

···❖ Votre peau est mixte

La partie médiane est grasse, elle a tendance à tirer, tandis que les joues sont sèches. Elle n'est pas spécialement sujette aux imperfections. Elle a besoin de soins équilibrants et régulateurs.

▶ Huiles : abricot, amande douce, jojoba, noisette, pépins de raisin.

▶ Huiles essentielles :
les régulatrices : benjoin, cèdre de l'Atlas, ciste, géranium Bourbon, géranium rosat, lavande, myrrhe, myrte, orange amère, palmarosa, pamplemousse, patchouli.

▶ Plantes et hydrolats : hamamélis, lavande, rose, thym.

▶ Fruits ou légumes : avocat, carotte, pomme, orange, abricot, fraise.

▶ Ingrédients divers : argile verte, gel d'aloès, miel, yaourt.

⋯⋡ Votre peau est sèche

La peau sèche est souvent fine et sa texture est rêche. Elle a tendance à tirer dans la journée et rougit facilement au froid. Elle peut vieillir prématurément. Ses cellules ont besoin d'être stimulées et renforcées pour mieux se renouveler et pour bien retenir l'eau.

▶ Huiles : argan, avocat, bourrache, germe de blé, karité, onagre, ricin, rose musquée, tournesol.

▶ Macérat : lis, calendula, camomille.

▶ Huiles essentielles :
les tonifiantes : bois de rose, carotte, galbanum, immortelle, lavande fine, myrrhe, myrte, orange amère, patchouli, petit-grain, rose, sauge sclarée, thym à linalol ou à géraniol, ylang-ylang ;
les restructurantes : camomille allemande, camomille romaine, rose.

▶ Plantes et hydrolats : camomille, géranium, calendula, mauve, gui- mauve, rose, tilleul, verge-d'or, hamamélis, lis, fleur de sureau.

▶ Fruits ou légumes : abricot, avocat, banane, carotte, fraise. Éviter les fruits acides, comme la papaye.

▶ Ingrédients divers : argile blanche, rose, rouge, gel d'aloès, miel, gelée royale, glycérine, crème fraîche.

⋯⋡ Vous avez une peau mature

La peau mature est généralement sèche, voire très sèche. Elle man- que de tonus et présente des signes du temps (ridules, rides et par- fois taches colorées). Elle a besoin d'être nourrie, tonifiée et réparée.

▶ Huiles : argan, avocat, bourrache, germe de blé, jojoba, onagre, rose musquée, sisymbre.

▶ Huiles essentielles :
les tonifiantes : bois de rose, carotte, galbanum, immortelle, lavande fine, myrrhe, myrte, orange amère, patchouli, petit-grain, rose, sauge sclarée, thym à linalol ou géraniol, ylang-ylang ;
les antirides, anti-âge : bois de rose, carotte, ciste ladanifère, encens

oliban, galbanum, géranium, immortelle, myrrhe, néroli, orange amère, petit-grain, rose, sauge sclarée, ylang-ylang ; *les antitaches* : bois de rose, petit-grain.

▸ Plantes et hydrolats : bleuet, calendula, hamamélis, géranium, guimauve, rose, verveine citronnelle.

▸ Fruits ou légumes : avocat, banane, carotte.

▸ Ingrédients divers : argile rose, blanche, gel d'aloès, miel, gelée royale, pollen, germe de blé, vitamine E, levure de bière.

⋯⋗ Votre peau est grasse

La peau grasse produit du sébum en excès (hyperséborrhée), elle a donc tendance à briller. Les pores sont généralement dilatés et le grain épais. Elle est sujette aux imperfections (comédons, boutons), surtout au niveau des zones les plus grasses. La peau grasse est fréquente chez les adolescents et les jeunes adultes, surtout chez les hommes. Elle a besoin de soins assainissants mais également réparateurs.

▸ Huiles : jojoba, noisette, olive, pépins de raisin.

▸ Macérat : lavande.

▸ Huiles essentielles :

les assainissantes douces : benjoin, bois de santal alba, cyprès bleu, géranium (les 2), lavande fine, lavandin, myrrhe, palmarosa, pamplemousse, patchouli, petit-grain ;

les astringentes : ciste ladanifère, géranium, myrrhe, orange amère ;

les antiséborrhéiques : cèdre de l'Atlas, lavande fine, lavandin, myrte, orange amère, palmarosa, pamplemousse, sauge sclarée, vétiver.

▸ Fruits ou légumes : ananas, citron, concombre, fraise, orange, pamplemousse, pomélo, pomme, tomate.

▸ Plantes et hydrolats : bardane, hamamélis, lavande, menthe, romarin, rose, sauge, thym.

▸ Ingrédients divers : argile jaune, verte, rouge, gel d'aloès, vinaigre, yaourt, benjoin, blanc d'œuf, miel, propolis.

⤳ Vous avez une peau à tendance acnéique

La peau à tendance acnéique est une peau grasse et réactive, elle a une forte tendance aux boutons, qui peuvent s'infecter. Elle présente des traces de cicatrisation. C'est un problème fréquent chez les adolescents. Elle a besoin d'actifs antimicrobiens pour freiner le développement des bactéries pathogènes, mais également de soins réparateurs. Il faut la respecter et la traiter avec douceur.

▶ Huiles : calophylle inophylle, jojoba.

▶ Huiles essentielles :
les antibactériennes : achillée millefeuille, benjoin, cyprès bleu, eucalyptus radié, galbanum, géranium (les 2), laurier noble, lavande aspic, lavande fine, lavandin, myrrhe, néroli, palmarosa, pamplemousse, patchouli, petit-grain, ravensare, thym à géraniol, bois de santal alba, tea-tree, vétiver ;
les astringentes : ciste ladanifère, géranium, myrrhe, orange amère ;
les antiséborrhéiques : cèdre de l'Atlas, lavande fine, lavandin, myrte, orange amère, palmarosa, pamplemousse, sauge sclarée, vétiver ;
les réparatrices : achillée millefeuille, benjoin, camomille (les 2), ciste, encens oliban, géranium (les 2), hélichryse, immortelle, lavande fine, lavandin, myrrhe, patchouli, rose, sauge sclarée.

▶ Plantes et hydrolats : bardane, cèdre, calendula, romarin, rose, sauge, tee-tre.

▶ Fruits ou légumes : citron, concombre, orange, pamplemousse, pomélo, tomate.

▶ Ingrédients divers : argile verte, rouge, blanche, boues de la mer Morte, gel d'aloès, vinaigre, miel, propolis, benjoin, levure de bière, extrait de pépins de pamplemousse.

> **Pour vous orienter dans votre choix d'huiles essentielles, voici nos préférées, que vous pourrez combiner pour booster vos soins : lavande fine, palmarosa, petit-grain, sauge sclarée, tea-tree.**

···❥ Vous avez la peau sensible, couperosée

La peau sensible rougit facilement, notamment lors de variations de température ou au contact des cosmétiques. Elle est fine, généralement sèche, et peut présenter par endroits des petits vaisseaux apparents.

▶ Huiles : abricot, amande douce, avocat, bourrache, calophylle, colza, jojoba, olive, ricin, rose musquée, tournesol.

▶ Macérats : lis, calendula, camomille.

▶ Huiles essentielles :
les douces et calmantes : achillée millefeuille, camomille (les 2), cyprès bleu, encens oliban, galbanum, géranium, lavande fine, néroli, orange douce, palmarosa, patchouli, petit-grain, bois de santal alba, thym à linalol ou à géraniol ;
les antirougeurs : cèdre de l'Atlas, achillée millefeuille, hélichryse, immortelle, lavandin, nard, rose.

▶ Plantes et hydrolats : achillée, camomille, guimauve, hamamélis, mauve, tilleul.

▶ Fruits ou légumes : avocat, concombre, carotte, fraise, éviter les fruits acides.

▶ Ingrédients divers : argile rose, blanche, rouge, gel d'aloès, miel, farine d'avoine, levure de bière, glycérine, gelée royale.

Les soins du corps au naturel

La peau de votre corps a aussi besoin qu'on prenne soin d'elle, et surtout qu'on la respecte, ce qui n'est pas le cas de certains produits d'hygiène du commerce, trop agressifs. Notons que les recettes suivantes qui sont très douces, conviennent à toutes les peaux.
Une sélection d'ingrédients, notamment pour les bains, vous est proposée à la fin de ce chapitre.

La toilette

···⟩ Les bases lavantes

Partout dans le monde, la nature a offert aux hommes de précieuses plantes aux propriétés lavantes : yucca en Amérique du Nord, noix de savon en Inde, saponaire en Europe, coco sous les tropiques… Ce sont des végétaux riches en saponines, substances aux propriétés tensioactives et nettoyantes. Toutefois, la préparation de produits lavants à base de plantes n'est pas chose aisée et nécessite un certain degré de connaissances. C'est pourquoi, par souci de simplicité, nous vous proposons ici de préparer des produits personnalisés à partir de bases lavantes neutres (ne contenant aucun actif traitant qui les destinerait à des soins spécifiques), que vous trouverez dans le commerce, principalement dans les magasins de produits naturels.

> Avec un minimum de vigilance, on peut trouver des bases lavantes de qualité très satisfaisante, en faisant confiance aux marques qui privilégient le naturel.

La salle de bain, un espace de soins et de détente.

ZOOM *Quelques clés pour choisir les bases lavantes*

▶ **Privilégier** les bases lavantes contenant exclusivement des tensioactifs d'origine végétale, plus doux que les agents chimiques. Rechercher notamment les dérivés de la bétaïne (cocobétaïne, cocamidopropyl bétaïne…), ainsi que d'autres dérivés semi-synthétiques obtenus à partir des huiles de palme et de coco (coco glucosine et autres ingrédients dont la dénomination INCI comporte les radicaux lauryl, laureth, cocoyl…). Le savon de Marseille liquide, obtenu par saponification des acides gras de coco et de palme (potassium oléate, cocoate, palmitate, stéarate) peut également convenir, mais il vaut mieux l'éviter pour la toilette intime.
▶ **Éviter** en revanche les produits contenant des substances desséchantes comme les polyéthylènes glycol et les polypropylènes glycol (PEGs, PPGs) ainsi que les tensioactifs cationiques dont la dénomination INCI comporte le suffixe « onium » (exemple : chlorure de cetrimonium, chlorure de benzalkonium)
▶ **Éviter** les produits contenant des additifs inutiles (parfums, colorants, conservateurs…).
▶ **Se méfier** des indications « usage fréquent » ou « pour bébé », qui ne garantissent pas forcément une formulation de bonne qualité.
▶ **Toujours employer** les agents moussants avec parcimonie car ils peuvent déstabiliser les systèmes de protection naturelle de la peau et s'avérer desséchants, voire irritants.

⋯⋗ Les gels douche

Gel douche nourrissant parfumé

1 tasse de savon de Marseille liquide ou de base lavante neutre, 1 cuiller à soupe d'huile fine au choix, 6 capsules de vitamine E (facultatif), 15 gouttes d'huile essentielle parfumée.

Dans un bol, mélanger l'huile végétale, les capsules de vitamine E et les huiles essentielles. Ajouter ce mélange au savon liquide dans une bouteille d'au moins 1/2 litre. Secouer de manière à mélanger les ingrédients. Transvaser le mélange dans un flacon souple ou muni d'une pompe.

> **Astuce :** si la consistance de ces gels douches est trop épaisse, ajouter un peu d'eau ou d'eau florale pour obtenir la texture désirée.

Gel douche hydratant à l'aloès

1 tasse de savon de Marseille liquide ou de base lavante neutre, 2 cuillers à soupe de gel d'aloès en tube ou liquide, 1 cuiller à café de sel fin, 15 gouttes d'huiles essentielles au choix.

Verser les ingrédients dans une bouteille d'au moins 1/2 litre. Secouer de manière à mélanger les ingrédients. Transvaser le mélange dans un flacon souple ou muni d'une pompe.

Gel douche hydratant rose-vanille

1 tasse de savon de Marseille liquide ou de base lavante neutre, 2 cuillers à soupe d'eau de rose, 1 cuiller à soupe de glycérine, 10 gouttes d'extrait de vanille bio, 5 gouttes d'huile essentielle de rose (à défaut géranium rosat ou bois de rose).

Dans une bouteille d'au moins 1/2 litre, mélanger la glycérine et les essences de vanille et de rose puis ajouter la base lavante. Incorporer ensuite l'eau de rose. Secouer de manière à mélanger les ingrédients. Transvaser le mélange dans un flacon souple ou muni d'une pompe.

···⟩ Les savons parfumés

Le savon est le résultat de la saponification, réaction chimique entre un ester d'acide gras (le plus souvent huile végétale) et la soude, ou une autre substance basique. Partant de cette réaction simple, il est possible de fabriquer soi-même son savon.

Il s'agit toutefois d'une méthode que nous déconseillons aux débutants, car elle nécessite la manipulation de soude caustique, produit chimique très dangereux pouvant occasionner des brûlures graves. La préparation du savon nécessite donc des précautions drastiques.

Par conséquent, nous conseillons plutôt d'utiliser, pour les préparations personnalisées, du savon en paillettes (copeaux de savon) du commerce ou du savon de Marseille râpé par vos soins, d'autant plus qu'il existe sur le marché des produits de bonne qualité (magasins de produits naturels). Même dans ces conditions, il faudra faire bien attention à ne pas se brûler avec le savon fondu.

Les recettes ci-dessous permettent de confectionner 6 à 8 savons de toilette. Si l'on utilise des petits moules, on peut fabriquer plusieurs dizaines de petits savons d'invités, selon leur taille. On pourra employer : des moules à pâtisserie en métal ou en silicone, des moules pour objets en plâtre (magasins de loisirs créatifs, des fonds de boîtes à savon, des ramequins et tout objet creux pouvant convenir au démoulage…

Prévoyez assez grand car au séchage la taille des savons diminue presque de moitié.

Une formule type pour commencer

1 bol de savon en paillettes ou de savon de Marseille râpé, 1 tasse d'eau de source, d'infusion de plantes ou d'eau florale, 2 cuillers à soupe d'huile fine (amande douce, olive, tournesol…), 20 gouttes d'huiles essentielles parfumées, une cuiller à soupe de lait de vache ou de lait de coco en poudre (facultatif)

Verser l'eau dans un récipient avec le savon râpé. Placer le récipient au bain-marie et ajouter le lait en poudre lorsque l'ensemble est tiède. Faire fondre en mélangeant sans arrêt (la mousse disparaît lorsque le mélange épaissit).

Verser par ailleurs les huiles essentielles dans l'huile végétale. Hors du feu, ajouter ce mélange au savon. Homogénéiser au fouet.

Verser la pâte dans des moules huilés, jusqu'au bord. Placer dans un endroit frais et laisser sécher pendant 2 à 6 semaines. Lorsque les savonnettes sont bien sèches, les démouler et les envelopper individuellement dans du papier de soie, de la gaze ou du papier kraft…

Savons luxueux à la rose

1 bol de savon en paillettes ou de savon de Marseille râpé, 1 tasse d'eau de rose, 2 cuillers à soupe d'huile de rosier muscat, 5 gouttes d'huile essentielle de rose, 15 gouttes d'huile essentielle de géranium rosat, quelques gouttes de colorant alimentaire rouge (facultatif). Préparer les savonnettes selon la recette type. Ces savonnettes étant vraiment un luxe, pour en réduire le coût, on peut remplacer tout ou partie de l'huile de rosier par de l'huile d'amande douce et l'huile essentielle de rose par de l'huile essentielle de géranium rosat ou de bois de rose.

> **Astuces**
> On peut ajouter à la recette du miel, de la farine d'avoine, du son, quelques gouttes de benjoin, des capsules de vitamine E...
> Pour des savonnettes colorées, on peut utiliser une eau préalablement teintée avec quelques gouttes de colorant alimentaire.

Savons hespéridés*

1 bol de savon en paillettes ou de savon de Marseille râpé, 1 tasse d'eau de fleur d'oranger, 2 cuillers à soupe d'huile d'amande douce, 10 gouttes d'essence d'amande amère (au rayon pâtisserie), 10 gouttes d'huiles essentielles hespéridées : citron, orange amère, orange douce, mandarine, néroli, petit-grain... Préparer les savonnettes selon la recette type.

Savons gourmands au miel

1 bol de savon en paillettes ou de savon de Marseille râpé, 2 cuillers à café d'huile fine au choix, 2 bonnes cuillers à soupe de miel liquide, 1 cuiller à café de teinture de benjoin.
Mélanger le savon, l'huile et le miel dans un récipient et les faire fondre doucement au bain-marie en mélangeant bien. Hors du feu, ajouter le benjoin sans cesser de remuer. Verser dans des moules huilés et laisser durcir plusieurs semaines.

1. Le terme hespéridé désigne le parfum des agrumes. On y associe parfois des arômes proches comme la litsea (mais aussi la verveine citronnelle ou la mélisse).

Le bain

Qu'ils aient été consacrés à l'hygiène, aux soins, à la purification, à l'élévation de l'âme ou simplement à la recherche du plaisir de l'eau, les bains ont été, au fil des siècles, appréciés de la plupart des civilisations. Aujourd'hui encore, le bain peut constituer un moment de détente, de soulagement face au stress ambiant.

⋯⋗ L'art du bain

ADOUCIR L'EAU DU BAIN

- ▷ 1 litre de lait végétal (soja, riz, avoine, coco…).
- ▷ 1 briquette de lait concentré non sucré ou de crème liquide.
- ▷ 1 bol de lait de vache ou de coco en poudre.
- ▷ 1 poignée d'argile blanche surfine.
- ▷ 1/2 verre de vinaigre doux (miel, cidre), de vinaigre de toilette ou de vinaigre parfumé.
- ▷ 1 à 2 poignées de sel marin ou de sel de bain.

Redécouvrir le vinaigre de toilette

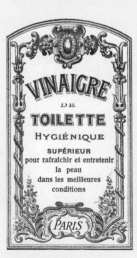

Le vinaigre de toilette s'emploie surtout pour adoucir l'eau calcaire (1 bouchon dans le lavabo, 1 verre dans un bain) ou dans la dernière eau de rinçage des cheveux. On peut également l'appliquer directement sur la peau, lors d'irritations, de coups de soleil, de démangeaisons.
Préparer 2 bonnes poignées de plantes aromatiques, de préférence fraîches, seules ou en mélange (calendula, camomille, lavande, pétales de rose, romarin, sauge, tranches de citron, d'orange…).
Porter délicatement à ébullition un litre de vinaigre doux (cidre, miel, citron, riz…).
Ajouter les plantes et retirer du feu.
Verser le tout dans un bocal et laisser macérer au moins 15 jours, à l'abri de la lumière.
Filtrer ensuite et mettre en bouteille.

▶ 1 cuiller à soupe de teinture de benjoin.

▶ 2 cuillers à soupe de miel.

▶ 1 à 2 poignées d'amidon ou de fécule (blé, avoine, maïs…).

Les doses moyennes doivent être ajustées en fonction du volume de la baignoire. Il n'est pas interdit d'associer ces différents ingrédients…

> **Astuce :** certains produits en poudre (argile, farine, lait en poudre) se mélangent mieux dans l'eau s'ils sont préalablement délayés dans un petit volume d'eau tiède.

PARFUMER L'EAU DU BAIN

▶ 20 à 30 gouttes d'huiles essentielles parfumées, émulsionnées dans un peu de crème liquide.

▶ 1/2 litre de décoction de plantes parfumées : jasmin, lavande, œillet, rose, mélisse, verveine citronnelle…

▶ Quelques gouttes de votre parfum préféré.

▶ Quelques gouttes d'essence de vanille ou d'amande amère pour pâtisserie.

▶ 1 cuiller à soupe de teinture de benjoin.

▶ 2 ou 3 sachets de thé ou d'infusion parfumés (bergamote, fruits rouges, jasmin, vanille…).

LES BAINS AUX PLANTES

Le bain est un bon moyen pour profiter des vertus des plantes du jardin et plonger littéralement dans leurs arômes. Pour vous aider à choisir les plantes en fonction de leurs propriétés, voir p. 162.

Verser 1/2 litre d'eau bouillante sur environ 1 bol de plantes fraîches (la moitié si vous utilisez des plantes séchées). Couvrir et laisser infuser 15 minutes. Filtrer puis verser dans l'eau du bain.

> En phytothérapie, la dose recommandée pour un bain traitant est d'environ 500 g de plantes en décoction dans 3 à 4 litres d'eau. La recette proposée ici est moins concentrée car elle est simplement destinée à améliorer le bain, et non à obtenir de réels effets thérapeutiques.

Les sachets de bain

Préparez au gré de votre imagination un sachet, un nouet ou une aumônière en gaze, coton ou lin.
Après le bain, si vous souhaitez les réutiliser, il faudra les laisser sécher, les vider, les retourner et les nettoyer.

Sachets aux plantes
Remplir le sachet avec une bonne poignée de plantes parfumées, seules ou en mélange, choisies pour leur parfum (lavande, jasmin, pétales de rose…).

Pour plus de douceur, on peut y ajouter du sel de mer, du lait en poudre, du son ou des flocons d'avoine…
Garnir le sachet, le fermer à l'aide d'un ruban, puis le suspendre au robinet afin de laisser couler l'eau dessus pendant que la baignoire se remplit.

Sachets aux amandes
Remplir le sachet avec 4 à 5 cuillers à soupe de lait (lait de vache ou lait de coco) en poudre et 4 à 5 cuillers à soupe de poudre d'amande.
Mettre le sachet dans le bain en exprimant bien le « lait » d'amande.

Sachets aux flocons d'avoine
Remplir le sachet avec 3 grosses poignées de son ou de flocons de blé ou d'avoine. Laisser infuser dans le bain et bien presser afin d'exprimer l'amidon dans l'eau, qui deviendra laiteuse et vous fera une peau de satin.

Bains de beauté

▶ Bain amincissant, drainant : algues (fucus ou varech, lithothamne, laminaire…), cèdre, citron (tranches), lierre grimpant, menthe. Associer à du sel marin pour favoriser la sudation.

▶ Bain assainissant pour les peaux à problèmes : citron, lavande, romarin, sauge.

▶ Bain calmant, adoucissant cutané : calendula, camomille, guimauve, mauve, tilleul.

▶ Bain tonifiant cutané : romarin, sauge.

Bains de bien-être

▶ Bain relaxant, sédatif : camomille, guimauve, lavande, mauve, mélisse, oranger (feuilles), sarriette, tilleul.

▶ Bain stimulant : lavande, menthe, romarin, sauge, serpolet, thym.

▶ Bain anti-jambes lourdes : achillée millefeuille (fleurs), menthe, lierre grimpant. Attention, l'eau ne doit pas être trop chaude.

BAINS ULTRA-DOUX

Bain au lait, au miel et aux fleurs

Préparer 1/2 litre de décoction de plantes parfumées (jasmin, lavande, rose…) selon la recette du bain aromatique. Filtrer et ajouter à l'eau du bain. Mélanger 2 à 3 cuillers à soupe de miel à un litre de lait entier ou de lait végétal ou à une briquette de crème. Émulsionner 10 à 20 gouttes d'huiles essentielles parfumées dans le mélange avant de le verser dans le bain.

Bain au lait, au miel et à la coco

Mélanger 1 tasse de lait de vache avec 3 cuillers à soupe de lait de coco en poudre ou à une briquette de lait de coco. Ajouter 1 cuiller à soupe de miel liquide. Verser dans une casserole et faire chauffer à feu doux. Bien mélanger. Retirer du feu avant frémissement. Ajouter 10 à 20 gouttes d'huiles essentielles parfumées avant de verser dans l'eau du bain.

Bain de jouvence dit « de Ninon de Lenclos »

Faire fondre 3 cuillers à soupe de miel dans 1 litre de lait chaud. Préparer 1 litre de décoction de plantes aromatiques (fleurs de violettes, pétales de rose, sauge, romarin, thym…). Faire dissoudre 5 poignées de gros sel marin dans l'eau du bain. Ajouter le lait avec le miel, puis la décoction de plantes. On peut remplacer la décoction par 10 à 20 gouttes d'huiles essentielles parfumées, diluées dans le mélange miel/lait.

⋯⋗ Les sels de bains

Le bain au sel marin soulage la fatigue, recharge l'organisme en minéraux, contribue à éliminer les toxines, favorise la sudation. Par son action cicatrisante et antiseptique, il soulage les irritations cutanées. Il aurait aussi des vertus amincissantes, notamment lorsqu'il s'accompagne d'algues marines. On peut ajouter le sel directement à l'eau ou le placer au préalable dans un sachet de tissu.

Pour un bain drainant, verser 1 kg de sel marin dans une eau à 37°C et y rester 20 minutes. Se rincer soigneusement puis s'essuyer en se frictionnant énergiquement. Le sel pouvant dessécher légèrement la peau, s'enduire le corps d'huile ou de lait hydratant avant de s'envelopper dans un peignoir pour stimuler la transpiration.

Sel de bain aux huiles essentielles

Verser 40 à 50 gouttes d'huiles essentielles au choix sur 1 kg de gros sel de mer ou de sel fin placé dans un sac en plastique. Fermer le sac et le malaxer de manière à bien mélanger les ingrédients. Transvaser ensuite ce sel parfumé dans un flacon de verre fermant hermétiquement et attendre une quinzaine de jours avant de l'utiliser (1 à 2 poignées par bain).

Sel de bain aux plantes

Remplir un grand bocal en alternant, tous les 2 à 3 cm, une couche de sel et une couche de plantes parfumées (pétales de rose, lavande...). Fermer hermétiquement le bocal et l'oublier dans un endroit sombre durant plusieurs semaines. Après cette période, ajouter si on le souhaite 20 gouttes d'huiles essentielles parfumées. Secouer le bocal pour mélanger les ingrédients (1 à 2 poignées par bain).

Les gommages corporels

Le gommage corporel s'effectue sur la peau sèche ou humide 1 ou 2 fois par semaine après la douche ou le bain. Divers produits granuleux conviennent aux gommages corporels : son, marc de café, sel de mer, sable fin (sur la plage), fruits secs râpés (coco, amande), pulpe de kiwi... Le gommage peut aussi s'effectuer à l'aide d'une brosse, d'un gant de massage (crin, luffa...).

On trouve dans les magasins orientaux un gant appelé *kessa*, qui permet un gommage à la fois doux et très efficace.

En cas de peau sensible, tester préalablement la méthode sur une zone délimitée du corps (intérieur du bras par exemple).

Gommage au marc de café
Se placer dans la douche ou la baignoire pour limiter les salissures. Effectuer des massages circulaires avec le marc de café humide. Rincer soigneusement à l'eau claire. Ce gommage pratiqué par les femmes russes dans les banias laisse la peau incroyablement douce (et la baignoire incroyablement sale !).

Peeling émollient (zones rugueuses)
Mélanger 2 cuillers à soupe de miel, 2 cuillers à soupe d'huile fine au choix et 2 cuillers à café de jus de citron. Appliquer le mélange sur les parties rugueuses du corps (coudes, talons, mains…) en massant légèrement. Laisser agir 10 minutes et rincer.

Les huiles corporelles

⋯⟩ Les huiles parfumées pour le corps
Ces huiles nourrissent et protègent la peau, on les emploie 1 ou 2 fois par semaine.

Huile aromatique
Diluer à 3 % une ou plusieurs huiles essentielles parfumées dans une huile fine (amande, abricot, tournesol…) ; soit 60 gouttes d'huile essentielle pour 100 ml. Appliquer sur le corps pour nourrir la peau, en massant légèrement pour faire pénétrer.

Macérats parfumés
Procéder selon la recette de base des macérats (voir p. 34), en utilisant de l'huile de tournesol et des plantes et fleurs fraîches parfumées. La lavande et les pétales de rose conviennent particulièrement bien. N'oubliez pas non plus le traditionnel monoï tiaré.

⋯⋟ Quelques huiles spécifiques

Huile pour préparer la peau au bronzage

50 ml de macérat de carotte, 20 gouttes d'huile essentielle de carotte (à défaut géranium rosat).

Appliquer cette huile sur le corps pendant 15 jours avant l'exposition au soleil. L'huile essentielle de carotte pouvant être photosensibilisante, suspendre l'application 24 heures avant de s'exposer.

Mise en garde : cette huile ne doit pas être employée comme protection solaire.

Huile calmante après-solaire

50 ml de monoï ou d'huile de coco, 10 gouttes d'huile essentielle de lavande fine et 10 gouttes d'huile essentielle de géranium rosat.

Appliquer sur le corps après l'exposition au soleil. Cette huile apaise les coups de soleil et prolongerait le hâle.

Huile pour le buste aux fleurs de pâquerettes

10 ml d'huile de base (amande douce, tournesol), 10 ml d'huile de rose musquée, 1 grosse poignée de fleurs de pâquerettes fraîches, 10 gouttes d'huile essentielle de lavande fine.

Faire macérer les fleurs dans le mélange des deux huiles selon la recette de base (p. 34). Ajouter ensuite l'huile essentielle.

Pour soulager les seins tendus et douloureux avant les règles, remplacer l'huile essentielle par 5 gouttes d'huile essentielle de sauge sclarée et 5 gouttes d'huile essentielle de cyprès vert ou de tea-tree.

On peut remplacer le macérat de pâquerettes par de l'huile de bellis du commerce.

Les laits corporels

Ces laits remplacent les huiles corporelles si vous préférez une texture moins grasse.

Lait luxueux pour le corps

120 ml d'huile d'amande douce ou d'abricot (ou mélange des deux), 120 ml d'eau minérale ou d'eau de rose, 4 cuillers à café de cire d'abeille, 15 à 20 gouttes d'huiles essentielles parfumées, 12 capsules de vitamine E ou 2 cuillers à café d'huile de germe de blé.

Dans un bol placé au bain-marie, faire fondre la cire d'abeille dans l'huile en tournant de temps en temps (le mélange doit devenir clair et homogène). Hors du feu, incorporer petit à petit l'eau ou l'eau florale et enfin les huiles essentielles, en tournant à l'aide d'un fouet (comme pour une mayonnaise).

Lait corporel hydratant aux fruits du soleil

80 ml d'huile d'abricot, 80 ml d'huile de coco, 2 cuillers à soupe de glycérine, 2 cuillers à soupe d'eau de fleur d'oranger, 4 cuillers à soupe de cire d'abeille, 10 à 15 gouttes d'huile essentielle d'orange, de mandarine ou de petit-grain.

Faire fondre au bain-marie la cire d'abeille dans le mélange d'huile et de glycérine. Hors du feu incorporer l'eau de fleur d'oranger, puis l'huile essentielle, en fouettant énergiquement. Mettre en flacon.

Les déodorants

La transpiration est un phénomène naturel et salutaire, qui participe aux fonctions d'élimination de l'organisme et au maintien de la température corporelle (homéothermie). Il ne faut pas la bloquer et proscrire les antiperspirants (voir encadré page suivante). De plus, la sueur n'est pas malodorante, il suffit de se rendre dans un sauna pour s'en convaincre. Hélas, au niveau des zones chaudes et humides comme les aisselles, des bactéries peuvent se multiplier en surface et produire des substances responsables des mauvaises odeurs (composés soufrés et azotés).

Pierre d'alun

La pierre d'alun a la faculté d'inhiber la multiplication des bactéries responsables des mauvaises odeurs. Outre ses propriétés antiseptiques, la pierre d'alun est astringente, hémostatique et calmante. Elle convient donc parfaitement aux aisselles irritées par l'épilation. Elle est aussi idéale en soin après-rasage. Elle s'utilise simplement en la passant sur la peau légèrement humide, une fois par jour.

ZOOM *Vraie et fausse pierre d'alun*

La pierre d'alun est une substance 100 % naturelle d'origine minière. Elle est formée de cristaux transparents de « sulfate double d'aluminium et de potassium hydraté ». Ce sel, chimiquement inerte, n'est pas absorbé par les cellules de la peau, ce qui le rend absolument inoffensif pour l'organisme. Mais attention, on trouve sur le marché deux pierres d'alun d'aspect identique. L'une est naturelle (nom INCI : *potassium alum*), l'autre synthétique (*ammonium alum*). Ce résidu de l'industrie chimique lourde, principalement asiatique, est à proscrire absolument.

Attention, les antiperspirants usuels contiennent des sels d'aluminium (le plus souvent chlorhydrate) qui peuvent être absorbés, et ce d'autant plus en présence de certains additifs. Actuellement controversés, ils sont suspectés d'être impliqués dans certaines maladies graves.

Argile blanche

Lorsque l'on craint les conséquences d'une transpiration excessive (randonnée, pratique sportive), on peut appliquer de l'argile blanche sur les zones concernées, comme on le ferait avec du talc. Elle aura pour effet d'absorber la transpiration, mais également de limiter les frottements.

Spray déodorant aromatique

25 ml d'alcool à 90°, 25 ml d'eau florale (cèdre, hamamélis, laurier noble, lavande, romarin, rose, sauge), 10 gouttes d'huile essentielle de sauge sclarée, 30 gouttes d'huiles essentielles antiseptiques et rafraîchissantes seules ou en mélange (suggestions : citron, eucalyptus radié, lavande aspic, lavande fine, lavandin, litsea, menthe douce, niaouli, ravensare, romarin, tea-tree).

Verser l'alcool dans un flacon spray de contenance suffisante (50 ml). Ajouter les huiles essentielles, bien agiter et compléter par l'eau florale.

> **Astuce : on peut remplacer l'alcool par un vinaigre doux. Quoi qu'il en soit, ce spray doit être évité sur les aisselles sensibles ou irritées. En revanche, il est parfait pour les pieds.**

Une eau de toilette pour parfaire les soins

Les eaux de Cologne ne sont pas des déodorants, mais elles sont fraîches, assainissantes et si agréablement parfumées.

Nous vous proposons cette eau fruitée pour parfaire vos soins : 80 ml d'alcool à 50° (alcool blanc), 15 gouttes d'huile essentielle de citron ou de romarin (les 2 conviennent) et de néroli (à défaut petit-grain), 10 gouttes d'huile essentielle d'orange douce, 5 gouttes d'huile essentielle d'orange amère, 3 gouttes d'huile essentielle de lavande fine, 2 gouttes d'huile essentielle de benjoin.

Verser les huiles essentielles dans l'alcool, puis agiter pour bien mélanger. Laisser macérer la préparation à l'abri de la lumière, pendant 2 à 3 semaines, en agitant régulièrement. Placer ensuite le flacon une nuit au congélateur (attention à la dilatation : prévoir une bouteille suffisamment grande). Après décongélation, filtrer à travers un filtre à café pour éliminer les impuretés et mettre en flacon.

Les soins des mains et des ongles

Huile nourrissante pour les mains
3 cuillers à soupe d'huile d'olive, 20 gouttes d'huile essentielle de citron. Mélanger les ingrédients. Appliquer généreusement sur les mains puis éliminer l'excès à l'aide d'un tissu absorbant.

Baume hydratant pour les mains
1 cuiller à soupe d'huile d'amande douce, 1 cuiller à soupe d'huile de coco, 1 cuiller à soupe de glycérine, 2 cuillers à café de cire d'abeille, 6 gouttes d'huile essentielle de citron. Faire fondre au bain-marie l'huile de coco et la cire d'abeille dans l'huile d'amande douce. Mélanger soigneusement puis ajouter délicatement la glycérine. Hors du feu, ajouter l'huile essentielle.

Masque pour les mains abîmées qui ont beaucoup travaillé
2 cuillers à soupe d'huile de germe de blé, 1 cuiller à soupe de beurre de karité, 1 cuiller à soupe d'huile d'avocat, 10 gouttes d'huile essentielle

de géranium Bourbon ou rosat. Faire fondre au bain-marie le beurre de karité dans le mélange d'huiles. Hors du feu, ajouter l'huile essentielle. Laisser refroidir. Appliquer généreusement sur les mains, enfiler des gants en coton (en vente notamment dans les magasins de déguisements) ou des gants de toilette et laisser poser 30 minutes. Retirer les gants et éliminer l'excès à l'aide d'un tissu absorbant. Garder au réfrigérateur entre deux applications.

Masques pour les mains qui ont beaucoup vécu

Pour estomper les taches brunes qui riment avec maturité, remplacer, dans la recette ci-dessus, l'huile essentielle de géranium par de l'essence de citron, d'orange amère ou de pamplemousse et ajouter ensuite 1 cuiller à soupe de jus de citron. Pour la pose, procéder comme ci-dessus.

> **Astuces**
> Les recettes « baume du débutant », « baume fondant au miel » ainsi que le « baume nourrissant aux 4 huiles riches » conviennent parfaitement comme crèmes pour les mains.
> Pour un effet « coup de fouet » sur vos mains, appliquer ces soins le soir avant le coucher. Enfiler des gants de coton blanc et gardez-les toute une nuit.

Massage pour les ongles cassants

L'huile de ricin (castor oil), très visqueuse, est idéale pour traiter les ongles cassants. On peut l'enrichir avec 2 à 3 % d'essence de citron.

Les soins des pieds

Huile de massage pour les pieds secs et abîmés

50 ml d'huile de pépins de raisin ou de macadamia, 10 gouttes de chacune des huiles essentielles suivantes : lavande fine, bois de santal alba, géranium rosat. Le soir, masser les pieds avec cette huile puis enfiler une paire de chaussettes de laine ou de coton pour bien profiter des effets des huiles essentielles.

Spray rafraîchissant pour les pieds

80 ml de vinaigre de cidre, 200 ml d'eau distillée, 30 gouttes d'huiles essentielles rafraîchissantes (ciste ladanifère, citron, cyprès vert, lavande aspic, lavande fine, lavandin, menthe douce, orange…), seules ou en mélange.

Dans un flacon en verre teinté, verser le vinaigre et les huiles essentielles. Ajouter l'eau distillée, fermer le flacon et le secouer pour bien mélanger. Laisser reposer une semaine avant de filtrer à travers un filtre à café. Verser dans un vaporisateur. Toujours agiter avant emploi.

L'épilation

···> La cire orientale

La cire orientale est un caramel additionné de jus de citron qui l'empêche de durcir. Il s'agit d'une des plus anciennes méthodes d'épilation, qui connaît depuis quelques années un très net regain d'intérêt. Elle a également un effet exfoliant sur les peaux mortes.

PRÉPARER SA CIRE ORIENTALE

On peut fabriquer soi-même la cire, selon les nombreuses variantes de recettes disponibles. Dans l'idéal, il est préférable de se faire aider d'une personne en ayant déjà l'expérience, sinon il faudra sans doute quelques tâtonnements avant d'obtenir la consistance idéale. C'est pourquoi nous recommandons de commencer par préparer de petites quantités, en suivant par exemple la recette ci-dessous.

Dans une casserole, à feu doux, faire caraméliser 4 cuillers à soupe de sucre fin pour 1 cuiller à soupe d'eau. Ajouter 2 cuillers à soupe de jus de citron filtré et 1 cuiller à soupe de miel. Arrêter la cuisson dès que le mélange est doré (ne pas laisser le caramel brunir). On pourra ajuster la consistance en ajoutant un peu d'eau si nécessaire. Attention à ne pas se brûler pendant la préparation ou lors de l'application.

> Astuce : on peut préparer une plus grande quantité de cire et la conserver au réfrigérateur pendant plusieurs mois. Il suffira de la ramollir au four à micro-ondes ou au bain-marie avant l'emploi.

Dès que la cuisson est arrêtée, verser la pâte sur une plaque ou dans un pot et la laisser refroidir quelques minutes.

À l'aide d'une spatule, étaler en fine couche sur de petites bandes de peau à épiler. Appliquer dessus une bande de tissu prête à l'emploi (en vente en grandes surfaces, avec les cires orientales). Bien la faire adhérer à la cire puis la décoller d'un geste brusque, à rebrousse-poil. Recommencer l'opération très rapidement sur une autre zone. Pour les jambes, commencer aux chevilles pour finir aux genoux.

> Astuce : il existe sur le marché des préparations de cire orientale de bonne qualité, notamment des cires biologiques. Nous vous conseillons de vous initier à la méthode avec une cire orientale du commerce. Gardez en un peu, cela vous servira de modèle pour la consistance de vos préparations.

Gel ou huile post-épilatoire

Diluer 15 gouttes d'huile essentielle de lavande fine ou de tea-tree dans 2 cuillers à soupe de gel d'aloès, d'huile fine (abricot, amande douce) ou de macérat de camomille. Ajouter ensuite 1 cuiller à café d'huile d'onagre. En cas de peau sensible, très réactive, préférer l'huile essentielle de camomille (les 2). Le gel d'aloès en tube est idéal pour calmer et réhydrater la peau agressée par l'épilation. On peut l'employer pur pour cet usage.

Les soins minceur

Gel ou huile anticellulite

Diluer 20 gouttes d'huile essentielle drainante et désinfiltrante, seule ou en mélange (bois de santal, cèdre de l'Atlas, cyprès vert, eucalyptus radié, lemongrass, orange amère, pamplemousse) dans 2 cuillers à soupe de gel d'aloès en tube ou d'huile sèche (pépins de raisin, sésame, tournesol). Appliquer une fois par jour en massant les zones concernées (les quantités sont données pour un soin quotidien).

Cataplasme anticellulite

8 cuillers à soupe d'argile verte ou de rassoul réduit en poudre, 2 cuillers à soupe d'algues en poudre (magasins diététiques), 10 gouttes de chacune des huiles essentielles suivantes : cyprès vert, lavande fine, citron, une bonne dizaine de feuilles de lierre grimpant. Mélanger les algues, l'argile en poudre et les huiles essentielles. Préparer environ 200 ml de décoction forte de feuilles de lierre, la laisser tiédir et la verser sur le mélange jusqu'à obtenir une pâte onctueuse. Appliquer en massant sur les endroits concernés et laisser agir 20 minutes. Rincer sous la douche. Vous pouvez faire ce soin une fois par semaine.

Une sélection d'ingrédients pour les soins du corps

···﹥ Les soins d'hygiène et de beauté

Voici une sélection d'ingrédients que vous pourrez utiliser pour vos huiles, laits corporels et gommage quel que soit votre type de peau.

- ▶ Huiles : toutes, principalement les huiles sèches (colza, macadamia, noisette, pépins de raisin, sésame, tournesol).
- ▶ Macérats : bellis (pour le buste), carotte, lavande, monoï.
- ▶ Huiles essentielles : on les choisira pour leur parfum.
- ▶ Fruits : figue fraîche, fruits secs râpés, kiwi pour les gommages.
- ▶ Ingrédients divers : bases lavantes, marc de café, pierre d'alun, savon.

···﹥ Le bain

- ▶ Huiles essentielles :
  les relaxantes : benjoin, bois de rose, bois de santal alba, camomille (les 2), cèdre de l'Atlas, cyprès, encens oliban, géranium (les 2), lavande fine, lemongrass, litsea, mandarine, marjolaine à coquilles, nard, néroli, orange, petit-grain, ravensare, rose, ylang-ylang ;

les spéciales sommeil : lavande fine, lavandin, litsea, lemongrass, mandarine, orange, nard, néroli, ravensare ;

les stimulantes : ciste, citron, cyprès, géranium (les 2), eucalyptus radié, laurier noble, lavande fine, lavande aspic, lavandin, lemongrass, marjolaine à coquilles, néroli, palmarosa, ravensare, romarin, tea-tree, thym, vétiver ;

les zen : cyprès bleu, cyprès vert, encens oliban, géranium, immortelle, lavande fine, orange, palmarosa, petit-grain, romarin à verbénone, rose, sauge sclarée, vétiver, ylang-ylang ;

les antidéprime : encens, hélichryse, lavande fine, lavande aspic, néroli, ravensare, rose ;

les sensuelles : benjoin, galbanum, encens oliban, nard, patchouli, rose, sauge sclarée, ylang-ylang.

▶ Plantes :

les amincissantes, drainantes : algues (fucus ou varech, lithothamne, laminaire…), cèdre, lierre grimpant, menthe, citron (tranches) ;

les anti-jambes lourdes : achillée millefeuille (fleurs), menthe, lierre grimpant (feuilles) ;

les assainissantes (en cas d'acné dorsale) : sauge, citron, romarin, lavande ;

les adoucissantes (en cas de coup de soleil, d'irritation) : calendula, camomille, guimauve, mauve, tilleul ;

les relaxantes : camomille, tilleul, lavande, mélisse, sarriette, guimauve et mauve ;

les stimulantes : lavande, menthe, romarin, sauge, serpolet, thym.

▶ Produits divers : argile blanche, crème liquide, flocons d'avoine, lait, laits végétaux, sel de mer, teinture de benjoin…

Les soins capillaires

Nos cheveux sont agressés par la pollution, les coiffages répétés mais aussi hélas par les shampoings et les produits de « soins » notamment les produits à base de silicone. Nous vous proposons ici une gamme de soins naturels pour entretenir, embellir et même réparer votre chevelure. Pour vous guider dans le choix des ingrédients, nous vous proposons une sélection de produits adaptés à vos besoins à la fin de ce chapitre.

Les soins lavants et les shampoings

On pense généralement qu'un produit doit mousser pour nettoyer. Rien n'est moins vrai : le blanc d'œuf par exemple, absorbant et émulsifiant, est un excellent agent nettoyant. Il en est de même de l'argile. Par conséquent, nous proposons ci-après une sélection de soins non moussants (ou presque) à base de produits naturels, pour redécouvrir le lavage à l'ancienne. Cependant, comme il est difficile de changer ses habitudes, nous proposons également des recettes destinées aux accros de la mousse.

⋯❖ Les soins lavants naturels

Ces produits s'utilisent de la manière suivante : répartir sur les cheveux mouillés. Malaxer la chevelure et masser le cuir chevelu. Laisser poser 2 à 5 minutes avant de rincer soigneusement.

Quel plaisir toute cette mousse ! Mais attention à ne pas en abuser...

Dans toutes les recettes qui suivent, on peut ajouter environ 5 gouttes d'huile(s) essentielle(s) adaptée(s) au type de cheveux.

Soin lavant à l'œuf (tous cheveux)

Battre 1 ou 2 œufs en omelette, selon la longueur des cheveux, puis ajouter au choix : 1 cuiller à café de miel (tous cheveux), 1 à 2 cuillers à soupe de rhum (cheveux normaux à gras), 1 cuiller à café de miel et le jus d'un citron (cheveux normaux à gras), 1 cuiller à café d'huile végétale au choix (cheveux secs), 1 cuiller à café d'huile fine aux choix.
Pour éviter l'omelette, rincer à l'eau tiède, pas à l'eau trop chaude !

Soin lavant beauté des cheveux (tous cheveux)

Émulsionner un jaune d'œuf avec une cuiller à soupe d'huile d'olive ou de pépins de raisin puis 1/2 verre de bière. Ajouter 1/2 jus de citron (sauf si cheveux secs).

Soin lavant au bois de Panama (tous cheveux sauf clairs)

Faire une décoction avec 15 g d'écorce de bois de Panama dans 1/2 litre d'eau. Verser doucement sur la chevelure en évitant le contact avec les yeux (la décoction pique les yeux).

Soin lavant au rassoul et au bois de Panama (cheveux normaux à gras)

Préparer une décoction avec 15 à 20 g d'écorce de bois de Panama dans 1/2 litre d'eau. Filtrer puis ajouter 1 cuiller à soupe de rassoul (ou d'argile verte). Ajouter éventuellement quelques gouttes d'essence de citron.
Éviter le contact avec les yeux.

Soin lavant à la camomille allemande (cheveux blonds, normaux à gras)

Faire une infusion de camomille avec 2 cuillers à soupe de fleurs séchées dans 1/2 litre d'eau. Laisser tiédir puis filtrer. Filtrer le jus d'un demi-citron et l'ajouter à l'infusion. Râper 100 g de savon de Marseille et l'ajouter au mélange. Remettre sur le feu et faire fondre doucement le savon dans le liquide, en mélangeant bien pour homogénéiser. Mettre en flacon et employer comme un shampooing traditionnel.

⋯⟩ Les shampooings à base de solutions moussantes

Les plus simples

Si l'on ne souhaite pas se lancer dans la préparation de produits élaborés, on peut simplement employer une base lavante adaptée aux cheveux (c'est généralement précisé sur la bouteille), un shampooing neutre sans parfum, le plus naturel possible, ou son shampooing habituel.

Pour une dose, on ajoutera au choix :
- 2 à 3 gouttes d'huiles essentielles adaptées au type de cheveux,
- un peu d'extrait de propolis, de gelée royale ou une pincée de pollen réduit en poudre,
- 1/2 cuiller à café de miel,
- 1/2 cuiller à café d'huile fine,
- 1/2 cuiller à café de jus de citron (sauf cheveux secs).

Laisser poser 2 à 3 minutes avant de rincer, afin que le produit puisse agir.

Shampooing stimulant du cuir chevelu (tous cheveux)

Ajouter à 100 ml de votre shampooing habituel, de shampooing neutre ou de base lavante neutre : 1 cuiller à soupe d'huile de jojoba ou de calophylle inophylle (à défaut olive ou pépins de raisin) et 60 gouttes d'huiles essentielles stimulantes seules ou en mélange (carotte, citron, cèdre de l'Atlas, lavande fine, menthe douce, nard, pamplemousse, romarin, sauge sclarée, ylang-ylang). Bien mélanger et mettre en flacon.

Shampooing régulateur (tous cheveux)

Suivre la recette ci-dessus, en utilisant 40 gouttes d'huile essentielle de pamplemousse et 20 gouttes d'huile essentielle de romarin.
Active la pousse, régule les cheveux gras, nourrit les cheveux secs.

···⟩ Les shampooings à sec

Les shampoings à sec conviennent particulièrement aux cheveux gras, dont ils nettoient les racines alourdies par le sébum.

Préparer environ 1 cuiller à soupe d'un des ingrédients suivants :

▶ fécule de maïs ou autre fécule,
▶ fécule de maïs et 1 pincée de vitamine C cristallisée,
▶ poudre d'iris ou poudre de lycopode (en herboristerie),
▶ argile blanche en poudre.

Tamiser. Bien répartir, en massant la chevelure. Laisser poser quelques minutes puis brosser soigneusement avec une brosse douce, en finissant la tête en bas. Terminer au peigne.

Les huiles capillaires aromatiques

Ces huiles conviennent aux soins quotidiens à petites doses, ou en masque, appliquées plus généreusement.

···⟩ Une formule type pour commencer

Dans 50 ml d'huile végétale ou de mélange d'huiles adapté au type de cheveux, ajouter 30 gouttes d'huiles essentielles choisies selon leurs propriétés. Pour une préparation extemporanée, ajouter 6 à 8 gouttes d'huiles essentielles dans 1 cuiller à soupe d'huile végétale.

···⟩ Quelques variantes pour se perfectionner

TOUS CHEVEUX

Huile équilibrante

Dans un mélange constitué de 3 cuillers à café d'huile d'avocat, 3 cuillers à café d'huile de jojoba, 4 cuillers à café d'huile d'olive, ajouter 10 gouttes d'huile essentielle de lavande fine, 10 gouttes d'huile essentielle de romarin (les 2 conviennent), 10 gouttes d'huile essentielle de géranium Bourbon ou rosat.

Huile parfumée

Dans 50 ml d'huile de jojoba, ajouter 30 gouttes d'huiles essentielles parfumées, seules ou en mélange.

CHEVEUX SECS ET ABÎMÉS

Huile réparatrice

Dans un mélange constitué de 2 cuillers à café d'huile de calophylle inophylle, 2 cuillers à café d'huile de ricin, 2 cuillers à café d'huile de jojoba et 4 cuillers à café d'huile de sésame, ajouter 20 gouttes d'huile essentielle de lavande fine et 10 gouttes d'huile essentielle d'ylang-ylang.

Huile réparatrice luxueuse

Dans un mélange constitué de 2 cuillers à café d'huile riche, 2 cuillers à café de beurre de karité fondu, 2 cuillers à café d'huile de jojoba et 3 cuillers à café d'huile d'amande douce ajouter 15 gouttes d'huile essentielle de bois de santal alba, 5 gouttes d'huile essentielle de camomille (les 2 conviennent), 10 gouttes d'huile essentielle d'encens oliban.

CHEVEUX GRAS

Huile assainissante pour le massage du cuir chevelu

Dans 50 ml d'huile de jojoba ou de calophylle inophylle, ajouter 10 gouttes d'essence de citron, 10 gouttes d'huile essentielle d'eucalyptus radié et 10 gouttes d'huile essentielle de romarin.

Chute des cheveux

Huiles stimulant la repousse : dans 50 ml d'huile de calophylle inophylle ou de jojoba (seules ou en mélange) ajouter 1/2 cuiller à café d'huile de germe de blé (facultatif) et 30 gouttes d'huile essentielle de thym (les 2 chémotypes conviennent), de romarin et/ou d'ylang-ylang, seuls ou en mélange.

⋯⟩ Quelques conseils d'application

Les cheveux, surtout s'ils sont secs, abîmés, colorés, tirent toujours bénéfice de l'application d'une huile capillaire aromatique. À défaut, une simple huile végétale fera l'affaire (coco, karité, germe de blé…).

Emploi des huiles capillaires pour les soins quotidiens

En période d'exposition au soleil ou au vent, appliquer quelques gouttes d'huile sur les cheveux en insistant sur les pointes (environ 1/2 à 1 cuiller à café). Si les cheveux sont très abîmés, en fin d'été par exemple, effectuer une cure en appliquant une huile capillaire quotidiennement pendant 8 jours. Procéder au shampooing 1 ou 2 fois par semaine.

Emploi des huiles capillaires en masque

Sur l'ensemble de la chevelure : répartir l'huile en effectuant un massage léger puis envelopper les cheveux d'une serviette, de préférence chaude (ou d'une charlotte…). Laisser poser au moins une heure (le plus longtemps possible) puis procéder à un shampooing doux, voire deux si nécessaire. Bien rincer, car s'il reste de l'huile, les cheveux paraissent lourds. Fréquence : 1 fois par semaine.

Sur les pointes : ce soin est recommandé si seules les pointes des cheveux sont sèches, abîmées ou fourchues, ou si le cuir chevelu est gras. Bien masser les pointes puis laisser poser environ 20 minutes avant d'effectuer un shampooing doux. Fréquence : 1 ou 2 fois par semaine.

Emploi des huiles capillaires pour le massage du cuir chevelu

En cas de cheveux secs ou de chute excessive des cheveux, on peut nourrir et stimuler le cuir chevelu en effectuant un massage avec une petite quantité d'huile capillaire aromatique pendant quelques minutes. Fréquence : 1 ou 2 fois par semaine.

Les masques capillaires

Ces soins embellissants et réparateurs s'emploient en moyenne une fois par semaine.

⋯⟩ Les soins express

▶ Huile végétale ou huile capillaire adaptée à vos cheveux (voir ci-dessus).

▶ Monoï simple ou monoï tiaré.

▶ 2 jaunes d'œuf (masque brillance, tous cheveux).

▶ La chair mixée d'une banane bien mûre (tous cheveux).

▶ 2 jaunes d'œuf + 1 cuiller à soupe d'huile végétale (cheveux secs).

▶ La chair mixée d'un avocat bien mûr (cheveux secs).

Pour tous ces soins, ajuster les quantités selon la longueur des cheveux. Laisser poser 15 minutes environ et rincer.

⋯⟩ Les grands classiques

Masques à l'argile (cheveux normaux à gras)

Humidifier environ 5 cuillers à soupe d'argile en poudre (verte, blanche) ou de rassoul broyé avec un liquide de préférence tiède :

▶ eau pure (cheveux normaux à gras),

▶ eau florale ou infusion de romarin (cheveux gras),

▶ eau additionnée de jus de citron (cheveux gras),

▶ eau additionnée de sel marin (pellicules).

Bien mélanger jusqu'à obtenir une pâte fluide. On peut ajouter à cette base 1 cuiller à soupe de yaourt ou d'huile végétale au choix, 1 jaune d'œuf, jusqu'à 10 gouttes d'huiles essentielles antipelliculaires, notamment huile essentielle de romarin. Laisser poser 15 à 20 minutes.

Masque au henné neutre (cheveux normaux à gras)

Les conseils de pose présentés ci-dessous concernent le henné neutre, mais peuvent s'adapter aux hennés colorants (pour la coloration des cheveux à l'aide de plantes, il est préférable de se faire conseiller par une personne expérimentée).

Pose du henné neutre: dans un récipient en plastique ou en verre, délayer la poudre de henné avec de l'eau chaude et un peu d'huile d'olive ou de pépins de raisin jusqu'à obtention d'une pâte lisse et onctueuse. Appliquer le henné sur les cheveux secs. Le mieux est de commencer par les racines, de préférence mèche par mèche avec un pinceau, puis de continuer ainsi jusqu'aux pointes. Regrouper ensuite les cheveux au sommet de la tête et masser le cuir chevelu. Se couvrir la tête d'un film plastique ou d'une charlotte. Bien nettoyer les traces de henné sur le visage. Laisser agir jusqu'à 2 heures. Rincer à l'eau tiède pour enlever le plus possible de pâte, puis se laver les cheveux et rincer à nouveau abondamment jusqu'à ce que l'eau soit claire.

> Attention, même s'il tache moins que les hennés colorants, le henné neutre reste salissant. Il faudra donc protéger ses vêtements à l'aide d'une serviette usagée. Par ailleurs, le henné neutre a tendance à légèrement dessécher la chevelure, il est donc déconseillé aux cheveux très secs.

⋯⟩ Suggestions de recettes

Doubler les quantités si les cheveux sont longs. Bien répartir les masques sur la chevelure, de préférence mèche par mèche. Laisser poser si possible sous une serviette chaude, 15 à 20 minutes en moyenne sauf indication particulière dans la recette, avant de procéder au shampooing.

TOUS CHEVEUX

Masques brillance

▶ 2 jaunes d'œufs, 1 cuiller à café de miel.

▶ 1 infusion de thym (1 cuiller à soupe infusée 10 minutes dans 1 tasse d'eau), 5 cuillers à soupe de lait en poudre, 2 cuillers à soupe de miel. Laisser poser 1 heure.

Masque restructurant

▶ 2 cuillers à soupe d'huile végétale, 1 cuiller à soupe de miel (fondu dans l'huile végétale au bain-marie tiède), 3 cuillers à soupe de gel d'aloès.

Masques nourrissants et fortifiants

▶ 1 œuf entier battu, 1 cuiller à soupe d'huile végétale, 5 gouttes d'huile essentielle (par exemple romarin).

▶ 1 avocat bien mûr mixé, 1 cuiller à café d'huile végétale d'avocat, 1 cuiller à café de miel.

Masque réparateur

▶ 1 banane bien mûre, 1 cuiller à café d'huile végétale.

Masque volumateur pour cheveux fins

▶ 1 œuf entier, 1 yaourt nature.

CHEVEUX SECS

Pour les cheveux secs, préférer une huile bien riche (avocat, ricin), surtout s'ils sont abîmés.

Masque nourrissant

▶ Monter en mayonnaise 1 jaune d'œuf avec 3 à 4 cuillers à soupe d'huile végétale au choix.

Masques réparateurs

▶ 1 jaune d'œuf, 2 cuillers à soupe d'huile d'avocat, 1 cuiller à café de yaourt nature.

▶ 1 jaune d'œuf, 1 cuiller à café de miel, 1 cuiller à soupe d'huile d'avocat.

CHEVEUX GRAS

Pour les cheveux gras, préférer les classiques masque à l'argile et masque au henné neutre.

PROBLÈMES SPÉCIFIQUES

Contre la chute de cheveux due au stress

1 cuiller à café de miel, 1 cuiller à soupe d'huile d'amande douce, 2 gouttes d'huile essentielle de romarin, 2 gouttes d'huile essentielle de cèdre de l'Atlas, 1 goutte d'huile essentielle de citron. Appliquer sur le cuir chevelu. Masser délicatement. Laisser poser 1 heure.

Pour les cheveux fins ou indisciplinés

1 jaune d'œuf, 2 à 3 cuillers à soupe de yaourt, 5 gouttes d'huiles essentielles de géranium (les 2), romarin, sauge sclarée. Laisser poser 1 heure.

Eaux de rinçage et eaux capillaires

⋯⟩ Les eaux de rinçage

Il est nécessaire de toujours rincer abondamment les cheveux avec de l'eau claire après les soins ou le shampooing. Pour de meilleurs résultats, il est encore mieux d'utiliser des lotions en dernier rinçage.

Les lotions ci-après peuvent se conserver une semaine au réfrigérateur. On peut ajouter à toutes les recettes des huiles essentielles au choix (2 ou 3 gouttes pour 10 ml).

⋯⟩ Recettes types

Vinaigre de toilette

Le vinaigre de toilette, dont la recette est donnée p. 148, facilite de rinçage des cheveux et leur donne tonus et brillance. Parmi les plantes mises à macérer, on privilégiera ici le citron, le romarin et le thym. Le rinçage au vinaigre est déconseillé aux cheveux très secs.

Eau de rinçage ou lotion capillaire aux plantes

Préparer 1 poignée de plantes aromatiques, seules ou en mélange (voir p. 177-179). Faire infuser les plantes dans 1 bol d'eau bouillante pendant 10 minutes puis filtrer. Appliquer cette lotion en dernière eau de rinçage. On peut doubler les quantités si les cheveux sont longs. Si l'on n'a pas employé toute la préparation, on peut la conserver au réfrigérateur jusqu'au prochain shampooing.

Ces infusions peuvent également s'utiliser pour frictionner le cuir chevelu.

TOUS CHEVEUX

Rincer les cheveux avec une des préparations suivantes.

▶ Rinçage assouplissant : infusion de feuilles de bardane séchées.
▶ Rinçage brillance : infusion de citron, 1 cuiller à café de vitamine C, 1 ou 2 gouttes d'huile essentielle de citron ou d'orange.
▶ Rinçage brillance à la bière : la bière, de préférence éventée, peut servir au rinçage ou être vaporisée sur les cheveux humides. Elle perd son odeur en séchant.
▶ Rinçage lustrant : infusion de romarin, jus de pomme naturel (1/4 du volume de l'infusion).
▶ Rinçage tonique : infusion de sauge, 1 cuiller à café de jus de citron.

CHEVEUX GRAS

Rincer les cheveux et se frictionner le cuir chevelu avec une des préparations assainissantes suivantes.

▶ Décoction de racine fraîche ou de feuilles de bardane + même volume de vinaigre.
▶ Infusion de 10 feuilles de laitue et d'une bonne pincée de feuilles de persil.
▶ Infusion ou hydrolat de romarin.

SOINS SPÉCIFIQUES

Lotions contre les pellicules

Se frictionner le cuir chevelu avec une des préparations suivantes.

▶ Décoction de bois de Panama (éviter le contact avec les yeux).
▶ Décoction de sauge et/ou de thym.
▶ Jus de citron frais (pellicules grasses).

Lotions contre la chute des cheveux

Se frictionner le cuir chevelu avec une des préparations suivantes.

▶ Infusion de thym et/ou romarin.

▶ Vinaigre de pomme ou de cidre, pur ou dilué dans le même volume d'eau.

▶ Bière aromatique : la veille, ajouter à 1 bouteille de bière (33 cl) 3 gouttes d'huile essentielle de romarin et 3 gouttes d'huile essentielle de cèdre de l'Atlas, ylang-ylang ou sauge sclarée. Laisser macérer une nuit.

Nous ne pouvons vous garantir des résultats spectaculaires avec ces recettes traditionnelles. De toute façon, le massage du cuir chevelu avec des lotions stimulantes ne pourra que vous faire du bien.

LOTIONS CAPILLAIRES « REFLETS »

Pour atténuer les cheveux blancs

▶ Décoctions très fortes de thym, de thé noir et de feuilles de lierre grimpant (en frictions capillaires ou en eaux de rinçage).

▶ 40 g de thym, 20 g de romarin, 20 g de sauge, 20 g de lavande, 20 g de menthe macérés 3 semaines dans 1 litre de vinaigre blanc puis filtrés.

Pour donner des reflets cuivrés aux cheveux châtains à bruns

▶ Décoction très forte de thé noir ou même de thé vert.

Pour éclaircir les cheveux blonds

▶ Décoction très forte de camomille allemande additionnée de quelques gouttes d'essence de citron zeste, vinaigre ou jus de citron (éviter cette variante aux effets renforcés si les cheveux sont secs).

Pour embellir les cheveux bruns

▶ 1/2 litre d'infusion de romarin, 2 cuillers à soupe de vinaigre, 2 gouttes d'huile essentielle de romarin.

Les soins capillaires divers

⋯⊱ Les produits de coiffage

Les produits « conditionneurs » du commerce ont souvent, à long terme, des effets néfastes sur la chevelure. Si l'on souhaite fixer la chevelure de manière plus naturelle, on peut employer les produits suivants :

▶ la bière à vaporiser en guise de laque,
▶ le gel d'aloès en tube pour fixer les mèches,
▶ la glycérine pour donner un aspect mouillé.

Lotion contre les « frisottis »

Mettre 1 bonne poignée de flocons d'avoine dans un bol et verser dessus 2 tasses d'eau chaude. Laisser reposer au frais durant 3 jours avant de filtrer. Ajouter 1 tasse de vinaigre de cidre à ce lait d'avoine. Après le shampooing, rincer la chevelure avec cette lotion, notamment par temps humide.

Une sélection d'ingrédients pour vos soins capillaires

⋯⊱ Vos cheveux sont normaux

▶ Huiles : amande douce, coco, karité, olive, pépins de raisin.
▶ Huiles essentielles :
   les équilibrantes : cèdre de l'Atlas, géranium (les 2), lavande (les 2), lavandin, orange, romarin.
▶ Plantes : henné neutre, romarin, thym.
▶ Fruits : avocat, banane.
▶ Autres : argile blanche, bière, bois de panama, gel d'aloès, miel, œuf, rassoul, yaourt.

⋯⟶ Vos cheveux sont secs

▶ Huiles : abricot, avocat, coco, germe de blé, jojoba, karité, monoï, olive, ricin.

▶ Huiles essentielles :
les réparatrices : camomille, encens oliban, lavande, lemongrass, petit-grain, romarin, santal, ylang-ylang.

▶ Plantes : calendula, camomille, guimauve.

▶ Fruits : avocat, banane.

▶ Autres : argile blanche, gel d'aloès, miel.

⋯⟶ Vos cheveux sont gras, vous avez des pellicules

▶ Huile : olive.

▶ Huiles essentielles:
les antiséborrhéiques et assainissantes : cèdre de l'Atlas, citron, cyprès, eucalyptus radié, lavande aspic, lavande fine, lavandin, palmarosa, pamplemousse, lemongrass, marjolaine à coquilles, thym, sauge sclarée, vétiver ;
les antipelliculaires : citron, eucalyptus radié, géranium (les 2), lavande, lavandin, mandarine, palmarosa, romarin (les 2), sauge sclarée, tea-tree, thym (les 2).

▶ Plantes : bois de Panama, capucine, hamamélis, henné neutre, lavande, mélisse, menthe, romarin, sauge, thym.

▶ Autres : argile verte, bière, citron, gel d'aloès, propolis, rassoul, vinaigre.

⋯⟶ Vos cheveux sont fins, ternes et sans volume

▶ Huiles : avocat, coco, pépins de raisin.

▶ Huiles essentielles :
les spéciales brillance : lemongrass, romarin ;
les toniques : petit-grain, sauge sclarée, ylang-ylang.

▶ Plantes : bardane, romarin, sauge, sauge sclarée.

▶ Autres : bière, citron, miel, œuf, yaourt.

Le lierre, un grand classique des produits capillaires.

⋯⟩ Vos cheveux sont cassants, fourchus

▸ Huiles : karité, ricin, pépins de raisin, coco.
▸ Huiles essentielles :
  les réparatrices : bois de rose, bois de santal, camomille, lavande, romarin, sauge sclarée.
▸ Fruit : avocat.
▸ Autre : œuf.

⋯⟩ Vous avez tendance à perdre vos cheveux

▸ Huiles : avocat, calophylle inophylle, germe de blé, jojoba.
▸ Huiles essentielles :
  les stimulantes : carotte, citron, cèdre de l'Atlas, genévrier, lavande fine, menthe douce, nard, pamplemousse, romarin, sauge sclarée, thym, ylang-ylang.
▸ Plantes : bardane, thym, tilleul.
▸ Autres : gel d'aloès, gelée royale, jus de pomme, pollen.

Conclusion

Près de 100 000 produits chimiques, dont on ignore parfois les effets sur la santé et l'environnement, sont aujourd'hui utilisés dans l'industrie en Europe. Certains de ces produits sont incriminés dans la survenue d'allergies, d'asthmes, de cancers et de troubles de la reproduction (baisse de la fertilité, anomalies congénitales).

Un premier pas a été fait, en décembre 2006, avec l'adoption par le Parlement Européen du projet de règlement REACH ou Registration, Evaluation and Authorisation of Chemicals (soit «Enregistrement, évaluation et autorisation des produits chimiques»). En vertu du texte, les industriels devront démontrer la sécurité d'emploi d'environ 30 000 substances chimiques couramment utilisées et susceptibles d'être néfastes pour la santé.

L'industrie cosmétique contribue largement à l'exposition intensive aux produits issus de la chimie, notamment en raison de l'usage quotidien de produits d'hygiène et de beauté contenant des substances chimiques, dont certaines sont présentes partout, du dentifrice au déodorant, en passant par le gel douche. Or, les risques de santé associés à ces substances résultent principalement d'une exposition répétée et prolongée à de faibles doses, qui peut entraîner une accumulation dans l'organisme et des effets à long terme. On connaît tous la polémique autour des parabens, des sels d'aluminium notamment, des BHT et BHA, du formaldéhyde et des nanoparticules... Certaines associations, ainsi que d'excellents ouvrages, proposent une analyse très complète des risques associés aux cosmétiques chimiques.

Ce n'était pas l'objet du présent ouvrage, dont le seul but était de vous proposer des solutions pratiques et immédiates, pour limiter le plus possible, l'exposition aux substances chimiques présentes dans les cosmétiques.

Deux solutions complémentaires s'offrent à vous :

• utiliser des cosmétiques vraiment naturels, bio de préférence : certains logos et labels vous aideront dans votre choix. Une meilleure connaissance des principaux ingrédients utilisés en cosmétique naturelle devrait également faciliter cette démarche.

• fabriquer vos propres cosmétiques à partir d'ingrédients naturels : là encore, il est fortement recommandé de privilégier les ingrédients bio. Ainsi, non seulement, vous éviterez l'exposition aux substances chimiques de l'industrie cosmétique, mais également aux traces résiduelles de pesticides.

Parce que votre santé le vaut bien...

Index

Carnet d'adresses

···▸ Pour en savoir plus

▸ **Aromalves**
http://www.aromalves.com/
Un des meilleurs sites sur l'aromathérapie.
▸ **Belle Mag**
http://www.bellemag.com/fr/
Pour trouver des infos sur la beauté et des recettes de beauté au naturel.
▸ **Bioréflexe**
http://www.bioreflexe.com/
Site d'information sur les cosmétiques bio.
▸ **Chimie et beauté**
http://www.cnrs.fr/cw/dossiers/doschim/accueil.html
Un site très intéressant du CNRS pour ceux et celles qui désirent approfondir leurs connaissances scientifiques.
▸ **Cosmébio**
http://www.cosmebio.org/
Le site officiel de l'Association des professionnels de cosmétique écologique et biologique.
Vous y trouverez la liste des adhérents et la liste des produits certifiés.
▸ **Demeter**
http://www.bio-dynamie.org
Vous y trouverez la charte et la liste des adhérents, ainsi que des informations sur les méthodes de culture et de fabrication biodynamiques.
▸ **Make your cosmetics**
http://www.makeyourcosmetics.com/
Pour les anglophones, l'un des sites les plus riches en recettes de cosmétiques naturels.
▸ **Médecines naturelles**
http://www.medecinesnaturelles.com/
Un excellent site, principalement axé sur la phytothérapie, proposant également de nombreuses recettes.
▸ **Nature et Progrès**
http://www.natureetprogres.org
Vous y trouverez la liste des adhérents producteurs et fabricants, et le cahier des charges auquel ils se conforment. Très technique mais très utile.
▸ **Naturemania**
http://www.naturemania.com/
Le site officiel de Guy Roulier, sur la phytothérapie et les médecines naturelles.
▸ **Naturosanté**
http://www.naturosante.com/
Portail de santé au naturel, propose une boutique de vente en ligne et des liens vers d'autres boutiques.
▸ **SIMPLES**
http://www.syndicat-simples.org
Vous y trouverez, une liste des producteurs. Vous pourrez acheter des plantes, des huiles essentielles, des eaux florales.

···▸ Sites personnels

Pour les surfeurs du web, voici une sélection de sites sympathiques, dans un univers plutôt féminin il est vrai. Vous y trouverez des liens vers d'autres blogs .
http://www.banlieusardises.com/
http://www.feminin.ch/
(cliquer sur le lien « beauté »)
http://lesptitsdelices.canalblog.com/
http://atelier-naturel.over-blog.com/
(cliquer sur le lien « soins & beauté »)
http://pescalune.canalblog.com/
http://aromatherapie.missnianga.com/
(des recettes venues d'Afrique !)

⋯⟩ Sites de fournisseurs

▶ **Aromantic**

http://aromantic.co.uk/

Pour les expert(e)s, un site anglophone créé par un Suédois, où l'on trouve tous les ingrédients pour cosmétiques maisons (naturels ou non) : huiles essentielles, huiles végétales, bases hydratantes, colorants, bases lavantes…

▶ **Codina**

http://www.codina.net/

L'un des meilleurs sites de vente d'huiles végétales pour la cosmétique.

▶ **Labo-hévéa**

http://www.labo-hevea.com/

Un des sites les plus complets pour se procurer huiles végétales, huiles essentielles, hydrolats, argiles…

⋯⟩ Quelques sites généralistes

http://www.alterafrica.com/ (savon d'Alep, huile d'argan, karité, savon noir...)

http://www.armenza.com/ (gammes cosmétiques)

http://www.aromathologie.com/ (gammes cosmétiques)

http://www.aromatic-provence.com/ (ingrédients et gammes cosmétiques)

http://www.aroma-zone.com/aroma/ (huiles essentielles, hydrolats)

http://www.avanature.com/ (ingrédients et gammes cosmétiques)

http://www.chamarrel.com/ (argiles, boues de la mer Morte, savon d'Alep)

http://www.formazur.fr/ (gammes cosmétiques)

http://www.lesplantes.com/ (ingrédients et gammes cosmétiques, commerce équitable)

http://www.mondebio.com/ (ingrédients et gammes cosmétiques)

http://www.ormenis.com/ (ingrédients)

http://www.onaturel.fr/ (gammes cosmétiques)

http://www.penntybio.com/ (ingrédients et cosmétiques)

http://www.phytbeaute.com (gammes cosmétiques)

http://www.rhea-vitalite.com/ (gammes cosmétiques)

http://www.sedubio.com/ (ingrédients et gammes cosmétiques)

http://www.largane.com/ (produits orientaux)

http://www.sens-nature.com/ (gammes cosmétiques)

⋯⟩ Quelques adresses utiles

▶ **Bilby & Co**

20 rue André-Doucet 92000 Nanterre

Tél. : 01 47 28 77 42

Une boutique où l'on trouve tout (matières premières, matériel, flacons…), dont une grande partie des ingrédients sélectionnés dans cet ouvrage, mais aussi : romarin antioxydant, colorants naturels, cires végétales et, pour les plus experts, des actifs purifiés.

http://www.bilby-co.com

▶ **Pur et Simple**

Redon 47290 Beaugas.

Tél. : 05 53 01 73 01. puretsimple@aol.com

Sheila Gray, créatrice de la gamme cosmétique « Pur et simple », propose une formation plus approfondie en phyto-cosmétologie, sous forme de stages de 2 à 11 jours.

▶ **De Saint Hilaire (Helpac)**

43390 Saint-Hilaire

Tél. : 04 71 76 13 81

http://www.de Saint-Hilaire.fr

Huiles essentielles bio.

▶ **Laboratoire Jacques Paltz**

21 ZI Auguste 33612 Cestas Cedex.

Catalogue de vente par correspondance (huiles essentielles, huiles végétales, gamme cosmétique).

► **Le jardin des Nielles et des senteurs**
Cheyrac 43500 Saint Victor sur Arlanc
Tél. : 04 71 03 34 82
http://www.carredherbe.com
Huiles essentielles bio.
► **Le moulin de la Forge**
16110 Rancogne
http://perso.orange.fr/walnut-oil/
En Charente, un merveilleux endroit où l'on
fabrique à l'authentique des huiles d'une
grande finesse (noisette, noix) et des
farines biologiques.

⋯⋟ Les marques

Une sélection de marques recommandables
(par ordre alphabétique, liste non
exhaustive, disponibles principalement
dans les magasins de produits naturels,
dans les salons bio ou sur internet). Avant
d'acheter quoi que ce soit, vérifiez que les
produits sont labellisés.
► **Gammes cosmétiques**
Alma Carmel, Anne-Marie Borlind, Anika,
Argiletz (à l'argile), Australian Bodycare
(gamme tea-tree, non bio), Avalon, Ballot-
Flurin (produits au miel), Belle et Bio,
Cattier, Centifolia, Ciel d'Azur, Coslys, Doux
me, Dr Hauschka, Eco Cosmetics, Florame,
Flore de Saintonge, Gravier, Guayapi
(commerce équitable d'Amazonie), Jacques
Paltz, La Drome provençale, Lakshmi
(gamme ayurvédique d'Herbes et
Traditions), Lavera, Les Douces Angevines,
Lilly of the Desert (aloès), Logona,
Mosqueta's (gamme rosier), Natessance

(soins bébés), Phyt's, Santaverde, Sanoflore,
Tautropfen, Themis (commerce équitable),
Weleda…
► **Gammes « sport »**
Biotope des Montagnes (huiles essentielles
et eaux florales des Cévennes, huiles de
massage et sels de bains).
► **Huiles essentielles et produits dérivés**
Biotope des Montagnes, Flore de
Saintonge, Florame, Herbes et Traditions,
Labo des Sources, La Drome provençale,
Sanoflore…
► **Huiles végétales** Codina, Emile Noël,
Melvita, Mosqueta's (huile de rose
musquée).
► **Argiles**
Argiletz.
► **Maquillages**
Couleur Caramel, Docteur Haushka,
Lakshmi, Lavera, Logona, Santé…
► **Parfums**
Altéarah, Essence et harmonie (Fleurs de
Bach), Florame, Les eaux de Bach (Alliance
Nature), Melvita.
► **Teintures cheveux**
Logona.

Quelques marques non labellisées, mais qui
proposent des produits de bonne qualité :
► **Gammes cosmétiques**
Gamme dermatologique Effadiane, gamme
capillaire Phytosolba (pharmacies), gamme
Léa Nature / Léa Marine (grandes surfaces).
► **Teintures cheveux**
Béliflor, Herbatint, Sanotint (magasins de
produits naturels).

Je dédie ce livre à mes grands-mères, Maria et Marie-Louise et à ma tante Andrée.
À Zélia, Flavie, Philippe, Odette et Huguette, mes cobayes préférés...

REMERCIEMENTS

À Claire Groshens et à l'équipe de Terre Vivante, pour la confiance qu'ils m'ont accordée et pour leur fructueux travail en faveur de la protection de la Nature.
À Marie Conjat, pour son talent, son professionnalisme et sa gentillesse.
À Fabienne Joanny et à son équipe, qui savent si bien défendre les actifs naturels.
Au Docteur Guy Avril, pour ses encouragements et ses précieux conseils.
À Pescalune pour ses images.
À Marina, Nicole, Chantal, Elie, Françoise, Marie-Sophie et à tous les artisans et commerçants et producteurs qui se donnent tant de mal pour nous proposer des produits de qualité.

Couverture : BIOS/Denis Bringard (en haut à gauche) ; Virginie Klecka (en haut à droite), BSIP/Oliel (en bas à gauche), © SUNSET/VISUAL COLLECTION (en bas à droite).

BIOS/Sophie Boussahba, 145 ; Denis Bringard, 63 ; Paul Debois/Gap, 179 (et 165) ; Jean-Michel Groult, 55 ; FhF Greenmedia/GAP, 78 ; Michel Gunther, 27, 87 ; Muriel Hazan, 36 ; Pierre Huguet, Sylvain Cordier, 66 ; Antoine Lorgnier/Diaporama, 49 ; Andy Small/GAP, 30, 91 ; A. Thaïs, 48.
BSIP/Cardoso, 94 ; Chassenet, 80 ; DOCKSTOCK./V. Reischl, 113 ; DOCSTOCK/THPHOTO, 86 ; Giral, 164 (et 165) ; Lemoine, 133 ; Manceau, 158 ; Oliel, 22, 43, 44 (et 37) ; PURESTOCK, 125, 127 ; Taupin, 101.
Gérard Chambon, 50, 51, 59, 70.
Patrice Conjat, 21, 117, 136, 156.
EDITINGSERVEUR.COM/Philippe Jastrzeb, p. 108.
Virginie Klecka, 20, 32, 74, 75, 79, 82 (à gauche et à droite), 85, 111.
Pescalune, 33, 34, 64, 99 (en haut et en bas), 102 (en haut et en bas), 109, 118, 121.
© SUNSET/Yannick Le Merlus, 142 ; © SUNSET/Harvey Martin, 38 ; © SUNSET/Zanzibar, 98 ;
© SUNSET/Penny, 143.

Imprimé sur papier certifié, fabriqué à partir de pâte à papier issue de forêts exploitées en gestion durable. L'encre utilisée est à base d'huiles végétales. L'imprimerie adopte une démarche environnementale progressiste validée par la marque Imprim'vert.

Impression : Grapho 12 à Villefranche de Rouergue
Dépôt légal : mars 2011
Numéro d'imprimeur : 11020176

Imprimé en France